PRÉCIS

DE L'HISTOIRE

DU DROIT CIVIL

EN FRANCE.

PARIS. — IMPRIMERIE DE FAIN, RUE RACINE, 4.

PRÉCIS

DE L'HISTOIRE

DU DROIT CIVIL

EN FRANCE,

PAR

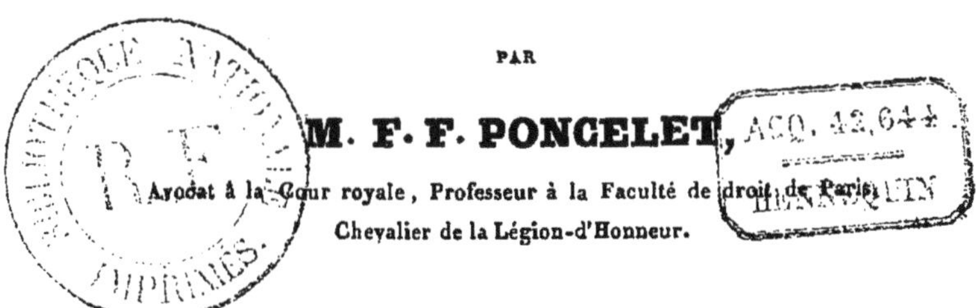

M. F. F. PONCELET,

Avocat à la Cour royale, Professeur à la Faculté de droit de Paris,
Chevalier de la Légion-d'Honneur.

PARIS,

CHEZ JOUBERT, LIBRAIRE-EDITEUR,

Rue des Grés, 14, près de l'École de Droit.

1838.

AVERTISSEMENT.

Le morceau que nous présentons en ce moment au public a été extrait de la quatrième édition du *Commentaire* de M. Boileux *sur le Code civil :* ouvrage que le succès consolide chaque fois qu'une édition nouvelle vient remplacer celles qui s'épuisent avec tant de rapidité.

Nous avons essayé dans ce *Précis* d'appeler l'attention de la jeunesse studieuse des écoles, sur l'étude historique de notre droit national.

Sans discuter ici la question, encore indécise, de savoir s'il convient d'accorder à l'étude des antiquités et des doctrines du droit romain, une part aussi large que celle qu'on lui fait dans l'enseignement actuel, qu'il nous soit au moins permis de regretter que celle des antiquités de notre droit public et privé, de nos formes anciennes de procédure, en un mot, de tout ce qui appartient à l'histoire du droit français, occupe en ce moment aussi peu de place dans nos écoles.

Un grand développement scientifique a cependant été introduit dans l'étude historique des législations romaines et germaniques, par le mouvement que l'école allemande a imprimé à cette étude. Mais c'est à peine si ce mouvement s'est fait sentir en France ; et, à part les travaux de MM. Laferrière et Michelet, le dix-neuvième siècle n'a encore à présenter sur l'histoire de notre droit, aucun ouvrage qui puisse rivaliser avec ceux que MM. Eichhorn Savigny, Grimm et Philippes ont publiés *au delà du Rhin*.

Le faible essai que nous donnons aujourd'hui n'a pas la prétention de remplir cette lacune, que d'autres que nous, sans doute, parviendront à combler ; mais, quelqu'imparfait qu'il soit, il servira peut-être à prouver que ni les matériaux ni l'intérêt ne manqueront à celui qui aura le courage d'aborder la noble tâche d'écrire enfin l'histoire du droit de la France, et de démontrer que notre histoire générale est toute entière dans celle de notre droit, et qu'elle y est d'une manière beaucoup plus complète que dans les chroniques.

Paris, mars 1838.

PRÉCIS

DE

L'HISTOIRE DU DROIT CIVIL

EN FRANCE (1).

Un ancien a dit : *Scribere bellum quo initum consule, et quo confectum sit, et quis triumphans introierit, et quæ eo in bello gesta sint, iterare ; non prædicare autem interea quid senatus decreverit, et quæ lex rogatiove lata sit, neque quibus consiliis ea gesta sunt : id fabulas pueris est narrare, non historias scribere.*

Sempronius Asellio disait vrai : on ne peut complétement et véritablement comprendre l'histoire d'un peuple, que par l'étude attentive de l'histoire même de son droit. Son état politique et civil, son commerce, son industrie, ses occupations ordinaires, ses mœurs, son caractère, le droit d'un peuple représente tout cela, à tous les instants, dans toutes les variations.

Mais si l'étude de l'histoire du droit éclaire ainsi l'histoire

---

(1) Le Précis historique que l'on va lire est en grande partie le résumé des leçons que depuis trois années nous avons faites à la Faculté de Paris sur l'histoire du Droit français.

Ce résumé, dont nous reconnaissons la parfaite exactitude, a été rédigé par un jeune avocat, M. Rapetti, que nous tenons à honneur de compter au nombre de nos élèves.

Comme nos leçons ne se sont point encore étendues au delà des deux premières dynasties, le complément indispensable pour terminer l'histoire du Droit français, a été rédigé en commun par M. Rapetti et par nous, sur des documents, et d'après les principes qui doivent nous guider lorsque nous serons parvenu à porter notre enseignement jusqu'à l'époque contemporaine.

F. F. PONCELET.

générale, elle est pour les jurisconsultes d'une utilité particulière et toute pratique ; elle leur fournit le sens véritable du droit actuel.

Quelqu'audacieusement radicale que la révolution française se soit montrée dans ses actes, nos codes continuent exactement le droit antérieur, et dans leurs innovations civiles les plus heureuses, ne font que réaliser les progrès préparés à l'avance, et indiqués par les discussions des auteurs et la jurisprudence des tribunaux.

Il devait en être ainsi. Le droit, qui se forme dans les mœurs et les idées communes d'un peuple, s'exprime toujours par les précédents judiciaires et les dissertations théoriques des docteurs. La toute puissance législative se borne à le constater à des états différents, quelquefois à le prévenir dans ses progrès, à le modifier dans ses tendances ; mais elle a toujours échoué à vouloir imposer un droit différent de celui qui est dans les mœurs ou selon les mœurs du peuple.

A des Codes comme les nôtres, un excellent commentaire, c'est l'histoire de leur lente et longue génération.

Ce commentaire, nous tâchons de l'offrir.

PREMIÈRE PARTIE.

PRÉPARATION.

Trois Peuples se sont mêlés sur le sol de la France : les GAULOIS, les ROMAINS, les BARBARES. — Avant de dire comment ils ont formé un peuple unique, il est nécessaire de montrer ce que chacun d'eux était.

SECTION PREMIÈRE.

LES GAULOIS.

SOMMAIRE.

I. Idée de leur caractère. — II. Quels peuples habitaient les Gaules. — III. Constitution politique des Gaules. — IV. État des personnes, les prêtres (1), les nobles (2), les plébeïens (3). — V. De quelques usages des Gaulois, sur les impôts, les convocations pour la guerre, le pouvoir paternel et marital, le mariage, les vols, la publication des nouvelles, les funérailles, l'amitié, l'usure, le soin de l'agilité. — VI. De l'esprit des Gaulois, semblable encore à celui des Français.

I. Une obscurité profonde nous cache les premiers temps des Gaulois. Ce que nous savons de leur histoire, ce sont les désastres des cités conquises et dévastées par eux, qui nous l'apprennent : « Les Gaulois, dit Diodore de Sicile, se sont rendus terribles par la renommée de leur bravoure et de leur barbarie. De toute antiquité, ils exercent le brigandage sur les terres d'autrui, et ils méprisent tous les autres peuples. Sous le nom de *Kimmerii*, ils dévastèrent autrefois l'Asie. Ce sont eux qui ont pris Rome, pillé le temple de Delphes, rendu tributaire une grande partie de l'Europe et de l'Asie ; et, en Asie, s'emparant des terres des vaincus, ont formé la nation mixte des Gallo-Grecs : ce sont eux, enfin, qui ont détruit tant de grandes armées romaines ».

Quoi qu'il en soit de ces anciens temps, quand César apparut dans les Gaules, il rencontra des populations diverses, des cités en discorde, une civilisation en décadence.

II. Aux premiers habitants connus de la Gaule, les Galls et les Kimris, s'étaient joints les Aquitains, les Ligures de sang ibérien et les Grecs-Ioniens ; et tous ces peuples se partageaient le territoire fertile et tempéré qui se trouve entre le Rhin, les Alpes, la Méditerranée, les Pyrénées et l'Océan.

Rien n'est contradictoire et confus comme ce que nous savons touchant les institutions politiques et civiles des Gaulois.

III. Ces peuples formaient des cités distinctes (*civitates*), subdivisées elles-mêmes en cantons (*pagi*). Un lien de confédération générale les unissait, mais faiblement; car ils se faisaient la guerre, s'alliaient, et se rendaient tour à tour protecteurs et tributaires les uns des autres.

Ils se gouvernaient différemment, les uns par des rois ou des chefs électifs et temporaires ; le plus grand nombre par des assemblées ou sénats des plus notables citoyens. En général, la royauté apparaît chez eux une usurpation bien plus qu'un pouvoir régulier, et l'on voit dans les Commentaires de César, que les Gaulois tuaient souvent ceux qui y prétendaient. Chez les Eduens, le Vergobret, ou *homme du jugement*, est un magistrat qui a droit de vie et de mort sur les citoyens. Mais le Vergobret est élu pour un an seulement : ses parents sont à jamais exclus des fonctions publiques ; lui-même ne peut jamais être réélu, et une loi sévère lui interdit de sortir du territoire de la cité pendant sa magistrature. Le pouvoir du Vergobret est encore plus faible en fait qu'il n'est gêné en droit, et nous en avons une preuve certaine : sur la plainte de César, qu'il ne reçoit point les vivres promis par les Eduens, un Vergobret répond en pleurant qu'il n'y peut rien, et qu'il y a dans sa ville un démagogue, un favori de la multitude, qui détourne les Eduens d'envoyer des vivres à l'armée romaine.

IV. Les personnes se distinguaient en trois classes, les Druides, les Chevaliers et la Plèbe; et cette distinction était générale dans toute la Gaule.

1° Les Druides avaient dans leurs attributions, non-seulement les prières, les sacrifices, et la divination de l'avenir, mais encore l'éducation publique, la composition des lois, la plupart des jugements civils et criminels, la conclusion des traités. Ils intervenaient aussi dans les nominations aux fonctions supérieures de la cité. Les Druides se distinguaient en *Druides* proprement dits, en *Bardes*, ou poëtes destinés à entretenir dans le public les croyances et l'enthousiasme religieux, en *Eubages* ou devins. Une institution particulière aux Gaulois, ce sont les colléges des femmes, investies de fonctions religieuses. Les Druides ayant l'éducation des enfants, choisissaient parmi eux les plus capables, et les initiaient à leurs mystères. Pendant vingt ans d'études et d'épreuves que durait l'initiation, ils leur chargeaient la mémoire de soixante mille vers, contenant tout le savoir druidique. Ils n'écrivaient jamais.

Les Druides faisaient intervenir la volonté divine dans leurs jugements; et ceux qu'ils condamnaient à mort, ils les gardaient pour les sacrifier en expiation de leurs crimes : ils usaient de la torture et prodiguaient la peine de mort, les supplices. Quelquefois ils bannissaient les coupables ou confisquaient leurs biens. Ils disposaient contre les récalcitrants d'une terrible excommunication ou mise du coupable en dehors de toute communion religieuse, politique et civile.

Les Druides étaient exempts des charges et impositions, et du service militaire. Ils se gouvernaient eux-mêmes, et élisaient leurs chefs.

2° Les Nobles, que César appelle *Equites*, étaient les hommes remarquables par leur naissance ou par leurs richesses. Ils allaient à la guerre et combattaient à cheval ou sur des chariots. Pendant la paix, ils chassaient les bêtes sauvages et intriguaient pour le pouvoir suprême.

3° Ces nobles traînaient partout à leur suite des captifs, des esclaves, des clients, des débiteurs insolvables, qui s'étaient laissé vendre ou s'étaient vendus eux-mêmes à un maître puissant. Cette multitude insouciante et misérable, qui se devait tout entière à un homme, toujours obéissante à la volonté d'un seul; qui, à la guerre, se battait à pied aux côtés du maître; qui, dans la paix, se ruait tumultueusement au milieu des assemblées publiques, poussant devant elle un chef ou le renversant; c'était la plus grande partie d'une Plèbe que César appelle une classe servile.

V. Quelques lois et usages des Gaulois nous sont parvenus.

Les impôts étaient affermés après une licitation.

Les guerres étaient décidées par le peuple dans une assemblée publique, où tous les hommes devaient se rendre avec leurs armes. Le dernier venu au rendez-vous était impitoyablement massacré.

Les pères avaient pouvoir de vie et de mort sur leurs enfants. Les Gaulois pouvaient épouser plusieurs femmes, et les maris avaient sur leurs épouses le même droit de vie et de mort. Un homme d'un rang élevé étant décédé, s'il y avait lieu de soupçonner ses épouses de l'avoir tué, les parents du défunt pouvaient les faire mettre à la torture, et expirer dans les supplices, si elles étaient convaincues du meurtre.

Quand un homme se mariait, il assignait à son épouse sur ses biens une valeur égale à la dot qu'elle lui apportait. La dot et l'équivalent formaient une masse commune, qui, s'accroissant des fruits et des intérêts, devait appartenir au survivant des époux.

Le vol et le brigandage étaient punis de mort.

Dans les cités les mieux gouvernées, une loi prescrivait à ceux qui avaient bruit d'une nouvelle intéressante pour la république, d'en instruire tout d'abord le magistrat, lequel taisait ou divulguait la nouvelle, selon son importance et sa vérité.

Les pères gaulois ne permettaient pas à leurs fils de les aborder en public, lorsqu'ils n'avaient pas encore atteint l'âge de porter les armes.

Les funérailles des Gaulois étaient magnifiques : ils étaient brûlés avec leurs armes, leurs chevaux, leurs chiens, et même, à une époque ancienne, avec leurs femmes, leurs esclaves et leurs clients.

On trouve chez les Gaulois le culte de l'amitié dans toute la beauté de son dévouement. « Adcantuanus, dit César, se présenta avec six cents de ces hommes que les Gaulois appellent *soldures :* telle est la condition de ces hommes, qu'ils jouissent de tous les biens de la vie avec ceux auxquels ils se sont consacrés par un pacte d'amitié ; si leur chef périt de mort violente, ils partagent son sort et se tuent de leur propre main ; et il n'est pas encore arrivé, de mémoire d'homme, qu'un de ceux qui s'étaient dévoués à un chef par un pacte semblable, eût refusé, celui-ci mort, de mourir aussitôt. »

Valerius Maximus rapporte que la croyance en l'immortalité de l'âme et du corps était si populaire parmi les Gaulois, qu'on voyait des usuriers prêter de fortes sommes, à de gros intérêts, pour un temps postérieur à la mort des emprunteurs.

Strabon nous a conservé des détails assez curieux, entr'autres, que l'on soumettait à des peines les jeunes gens chargés de trop d'embonpoint ; que l'on coupait une partie de leur vêtement à ceux qui, dans leurs assemblées, n'obéissaient pas aux injonctions de faire silence, etc.

VI. Mais ce qui, bien mieux que tous ces usages, nous fait reconnaître la parenté qui nous unit aux Gaulois, c'est le portrait de leur caractère, çà et là tracé en quelques passages des auteurs anciens : la mobilité intellectuelle, la fermentation continuelle du peuple, son ardeur belliqueuse, sa fierté, sa noble franchise, le génie à la fois inventeur et imitateur, qui le faisait s'approprier aisément les inventions et les idées des autres.

SECTION DEUXIÈME.

LES ROMAINS.

SOMMAIRE.

I. Conquête des Gaules par les Romains. — II. Constitution politique et civile de la Gaule romaine, division en dix-sept provinces (1), gouvernement impérial (2), gouvernement communal (3), judicature (4), du défenseur de la cité (5), confédération des villes de la Gaule, édit de 418 d'Honorius (6).—III. État et distinction des personnes, les privilégiés (1), les curiales (2), les colons ou serfs de la glèbe (3), les lètes (4). — IV. Du droit romain qui prévalut dans les Gaules.

I. Rome ne pouvait pas supporter des voisins aussi remuants et aussi redoutables que les Gaulois. Il lui fallait ou les détruire ou les soumettre. Elle les soumit (de 154 à 51 av. J.-C.).

En 58 avant J.-C., Jules César fut chargé du gouvernement de la province romaine pour cinq années. Ayant sauvé les Gaules d'une invasion des Helvétiens et de la domination d'Arioviste, chef germain, il se trouva mêlé dans toutes les discordes des Gaulois, et commença contre eux une terrible guerre, qui dura huit années, et se termina par la soumission de tout le pays des Gaules (51 avant J.-C.). Vercingétorix disait aux Gaulois : « Unis, le monde entier ne vous résisterait pas. » Désunis, les Gaulois furent vaincus, mais après une si rude défense, qu'ils illustrèrent leur vainqueur du renom du plus grand capitaine des temps anciens.

Rome se montra pleine de respect et de sollicitude envers la Gaule. Celle-ci frémit longtemps sous le joug. Mais enfin son admirable aptitude intellectuelle l'emporta sur son goût pour l'indépendance, et ce que ne pouvait point obtenir la force des armées, les sciences, les lettres, de belles institutions civiles, et tous ces attraits d'une pompeuse et éclatante civilisation l'accomplirent. Tour à tour écrasée et séduite, la Gaule se fit romaine (51 avant J.-C.—79 après J.-C.).

II. Transportons-nous aux derniers temps de la domination romaine, et constatons les lois et les institutions qu'elle a laissées dans la Gaule.

Au cinquième siècle, la préfecture des Gaules comprenait l'Espagne, les Gaules et la Bretagne.

1° Les Gaules formaient un diocèse divisé en dix-sept provinces : 1. Viennensis.—2. Lugdunensis prima.—3. Germania prima. — 4. Germania secunda. — 5. Belgica prima. — 6. Belgica secunda. — 7. Alpes maritimæ. — 8. Alpes penninæ et graiæ.—9. Maxima Sequanorum. — 10. Aquitania prima. — 11. Aquitania secunda. — 12. Novem Populi. — 13. Narbonensis prima. — 14. Narbonensis secunda. — 15. Lugdunensis secunda.—16. Lugdunensis tertia.—17. Lugdunensis senonia (1).

Les six premières provinces avaient des gouverneurs consulaires. Les onze autres, de simples présidents.

Les dix-sept provinces renfermaient cent quinze cités.

2° L'autorité civile était aux mains d'un Préfet, suppléé

---

(1) Pourquoi toutes ces subdivisions d'une même province? Un poëte va nous l'apprendre. Claudien fait parler ainsi l'Orient contre les Empereurs :

Aula choris epulisque vacat; nec perdita curat,
Dum superest aliquid. Ne quid tamen, orbe reciso,
Venditor amittat, provincia quæque superstes
Dividitur, geminumque duplex passura tribunal,
Cogitur alterius pretium sarcire peremptæ.
Sic mihi restituunt populos, hâc arte repertâ,
Rectorum numerum terris pereuntibus augent.

« La cour danse et boit, et ne se soucie point de ce qu'elle perd, pourvu qu'il lui reste quelque chose ; mais afin que, dans ces morcellements du monde romain, le trafic des lois et des fonctions rapporte toujours les mêmes gains, on divise en deux chaque province qui reste, et on lui fait souffrir ainsi deux tribunaux au lieu d'un seul : chaque partie est forcée de fournir l'argent que payait la partie enlevée ; c'est ainsi que l'on me rend mes peuples; c'est avec cette invention qu'on augmente les gouverneurs, pendant que les provinces périssent. »

pour les Gaules d'un *Vicaire des dix-sept provinces* (vicarius decem septem provinciarum).

L'autorité militaire était exercée par un *Maître des chevaliers* (magister equitum), par un *Comte de la chose militaire* (*comes rei militaris*), et par cinq Ducs.

3° Chaque cité avait une Curie, chargée de l'administration des biens et revenus de la cité, de la perception des impôts, sous la responsabilité des biens propres des Curiales, de la levée du contingent des troupes que chaque ville devait fournir à l'empire.

La curie se composait de fonctionnaires supérieurs et inférieurs (*magistratus et munera*), tous nommés à la majorité des votes des curiales, mais les derniers préalablement désignés et proposés par les magistrats.

Les fonctionnaires supérieurs (*magistratus*) etaient :

1° Le *Duumvir*, qui, pendant un an, présidait la curie et dirigeait l'administration générale de la cité : il exerçait encore une juridiction de police.

2° L'*Ædilis*, qui avait l'inspection des édifices publics, des rues, des approvisionnements de grains, des poids et mesures, etc.

Le *duumvir* et *l'ædilis* devaient donner à leurs frais des fêtes et des jeux au peuple.

3° Le *Curator reipublicæ*, qui affermait les biens de la cité, recevait les comptes des travaux publics, prêtait et empruntait au nom de la cité, etc.

Les fonctionnaires inférieurs (*munera*) étaient :

1° Le *Susceptor*, qui percevait les impôts, sous la responsabilité des curiales qui le nommaient.

2° Les *Irenarchæ*, commissaires de police et juges d'instruction des délits.

3° Les *Curatores*, ou agents spéciaux de tel ou tel service municipal.

4° Les *Scribæ*, *Tabelliones*, secrétaires et teneurs de livres.

La justice était rendue par les gouverneurs ou recteurs des provinces, qui déléguaient leur pouvoir à des tribunaux, moins le droit de glaive ou la connaissance des affaires capitales.

Les chefs militaires jugeaient les délits militaires et les contestations entre soldats.

Les recteurs des provinces, qui, d'abord, comme les préteurs à Rome, ne décidaient que le point de droit dans les procès, et laissaient à des juges choisis par eux l'examen du point de fait, après s'être réservé le jugement entier de la plupart des procès, au moyen de nombreuses *cognitiones extra ordinem*, finirent par retenir tous les procès, en se faisant, toutefois, assister d'assesseurs et de conseillers, aux mains desquels ils abandonnaient le plus souvent les affaires des plaideurs.

Dans les cités, qui avaient reçu le bénéfice du Droit Italique, la curie jouissait d'une juridiction, non-seulement volontaire, mais encore contentieuse.

Lyon, Vienne et Cologne, jouissaient du droit italique.

5° Dans le cinquième siècle, une magistrature avait été créée ou rétablie dans le sein de la curie, le *Defensor civitatis*, chargé de défendre la cité et les pauvres contre les injustices des officiers impériaux et de leurs employés. Le *defensor* était élu pour cinq ans par le peuple réuni, l'évêque et les clercs; et c'était l'évêque que l'on choisissait le plus souvent. Ce magistrat fut investi de pouvoirs très-étendus. Il jugeait les affaires civiles, dont la valeur n'était pas au-dessus de trois cents écus d'or; il instruisait au criminel, remplaçait le gouverneur de la province, quand celui-ci était absent, et les plaintes qu'il avait à faire, il les portait directement au Préfet du Prétoire.

6° Les cent quinze cités gauloises avaient conservé sous la domination romaine leur lien de confédération.

Dion nous raconte qu'après la bataille d'Actium, Auguste tint à Narbonne une assemblée générale des villes de la Gaule.

On trouve la mention de cette assemblée dans le sommaire du cent trente-quatrième livre de l'histoire de Tite-Live.

Tacite nous apprend qu'au moment de la mort d'Auguste, Germanicus faisait le recencement des Gaules. Or, comme tel était le but principal de l'assemblée dont parlent Dion et Tite-Live, il faut croire que Germanicus présidait, dans ce moment, une assemblée toute semblable.

Tacite nous apprend encore que, sous Vespasien, la cité de Rheims convoqua les députés de toutes les villes de la Gaule, pour délibérer au sujet de la révolte ou de la soumission.

Mais la preuve la plus authentique de l'usage de cette assemblée générale des Gaules se trouve dans l'édit d'Honorius et de Théodose-le-Jeune, de 418 de l'ère chrétienne.

Cet édit rappelle, 1° que les députés des provinces et des villes ont l'usage de se réunir fréquemment auprès du préfet du prétoire, soit pour rendre des comptes, soit pour traiter de choses relatives à l'intérêt des propriétaires;

2° Qu'il est opportun et convenable de régulariser cette convocation, et de tenir l'assemblée à des époques fixes, dans la magnifique ville d'Arles;

3° Qu'on doit tirer de grands avantages d'une telle convocation pour les intérêts généraux et particuliers; que les meilleurs avis seront proposés; que les provinces seront instruites des opérations publiques; que l'union des provinces en sera de plus en plus étroite.

4° Suit une description de la ville d'Arles, dont les magnificences doivent inviter les députés à se rendre à l'assemblée (1).

5° Le préfet Pétronius (402, 403) avait déjà senti le besoin de régulariser l'usage de la convocation des députés des villes gauloises; mais les malheurs des temps avaient contrarié les efforts de sa sagesse; et l'édit se détermine ainsi :

« Cher et bien-aimé parent Agricola, ton illustre magnificence, se conformant à notre présente ordonnance et à la coutume établie par tes prédécesseurs, fera observer dans les sept provinces les dispositions suivantes (2) :

---

(1) La métropole de la préfecture des Gaules était à Trèves. La métropole des Gaules, en particulier, était à Arles, selon les conjectures de l'abbé Dubos. Les invasions barbares forcèrent le préfet à quitter Trèves pour Arles, éloignée des frontières, et voisine de l'Italie.

(2) Quelles étaient les sept provinces, et pourquoi doivent-elles seules envoyer des députés? La civilisation romaine avait prévalu dans le midi bien mieux que dans le nord de la Gaule, et cette différence s'était marquée dans le langage ordinaire; on disait les *cinq ou les sept provinces* (selon des subdivisions successives) *et les Gaules*, pour indiquer la totalité des Gaules. A l'époque d'Honorius, une grande partie des Gaules s'était rendue indépendante de l'empire romain, qui ne pouvait plus protéger ceux qu'il tourmentait encore par ses vexations fiscales. La plupart des cités, moins celles du midi, étaient entrées dans la ligue ou confédération armoricaine, dite aussi *république des Bagaudes;* quoiqu'en ayant ramené quelques-unes à son obéissance, Honorius ne pouvait convoquer à Arles que les députés des villes entièrement soumises. Selon les meilleures conjectures, les *sept provinces* étaient : la Viennoise, la province des Alpes maritimes, la seconde et la première Narbonnaise, la Novempopulanie, la seconde et la première Aquitaine, tout le pays renfermé entre les Pyrénées, l'Océan, la Loire et les Alpes. Mais comme la première Aquitaine n'était pas encore complétement remise sous l'o-

» On fera savoir à toutes les personnes honorées de fonctions publiques, ou propriétaires de domaines, et à tous les juges des provinces, qu'ils doivent se réunir en conseil, chaque année, dans la ville d'Arles, dans l'intervalle des ides d'août à celles de septembre, les jours de convocation et de session pouvant être fixés à volonté.

» La Novempopulanie et la seconde Aquitaine, comme les provinces les plus éloignées, pourront, si leurs juges sont retenus par des occupations indispensables, envoyer à leur place des députés, selon la coutume.

» Ceux qui auront négligé de se rendre au lieu désigné, payeront une amende, qui sera pour les juges de cinq livres d'or, et de trois livres pour les membres des curies et les autres dignitaires.

» Nous croyons, par cette mesure, accorder de grands avantages et une grande faveur aux habitants de nos provinces ; nous avons aussi la certitude d'ajouter à l'ornement de la ville d'Arles, à la fidélité de laquelle nous devons beaucoup, selon l'opinion de notre père. » — Donné le 15 des kalendes de mars, reçu à Arles le 10 des kalendes de juin. »

III. Les personnes, dans les Gaules, se distinguaient, comme à Rome, en libres et en esclaves. Mais les unes et les autres se subdivisaient en des classes différentes :

1° Parmi les personnes libres, il en était qui jouissaient d'une espèce de noblesse, ou du moins de quelques priviléges : c'étaient les Sénateurs, ceux qui avaient reçu le titre de Clarissimes (1), les Officiers du palais, les Clercs, la Milice cohortale employée, dans l'intérieur, au maintien de l'ordre, et en général tous les militaires.

Les priviléges de ces personnes étaient nombreux et divers, et se résumaient dans l'exemption des charges et fonctions municipales.

---

béissance impériale, il est probable que l'édit d'Honorius comprenait, parmi les sept provinces, au lieu de la première Aquitaine, la première Lyonnaise, qui faisait partie des Gaules proprement dites, mais qui était restée fidèle à la fortune de l'empire. — (Voir *l'Histoire critique de la Monarchie française*, par l'abbé Dubos, liv. II, chap. V.)

(1) La qualité de *sénateur* était un titre que l'empereur conférait ou enlevait à son gré à toutes espèces de personnes. — Le titre de *clarissime* appartenait à tous les fonctionnaires publics de quelque importance. L'empereur conférait quelquefois le titre, sans attribuer de fonctions.

Les autres personnes libres étaient *Possesseurs* ou *Tributaires ;* les possesseurs, ceux qui payaient l'impôt foncier, les tributaires, ceux qui ne payaient qu'un impôt personnel.

2° Parmi les possesseurs, ceux qui avaient vingt-cinq arpens de terrain, et qui n'appartenaient pas à la classe des sénateurs, clarissimes, etc., formaient le corps des Curiales, jadis les citoyens jouissant des droits politiques, aux temps où nous sommes, les hommes les plus misérables de la cité. Telle avait été la décadence du régime municipal dans les Gaules et dans le reste de l'empire, que les fonctions des curiales ne consistaient plus que dans l'obligation d'administrer sous la main des officiers impériaux, de percevoir les impôts, de fournir le contingent des villes dans les troupes de l'empire. Ils étaient tenus de combler les déficits des impôts, de pourvoir à l'insuffisance des revenus, de supporter les impôts des terres abandonnées, de payer seuls l'*aurum coronarium*, ou somme à offrir au prince à l'occasion des événements solennels..... Odieux à leurs concitoyens envers qui ils se montraient de sévères collecteurs, ruinés, méprisés pour leurs malheurs, transmettant à leurs fils, à leurs gendres l'hérédité de leurs misères, exclus des emplois qui les auraient affranchis, surveillés, et ne pouvant jamais sortir des villes, ils fuyaient quelquefois; mais chacun, intéressé à ce qu'il ne manquât pas de curiales, leur refusait asile et les dénonçait; et nous avons des lois qui vont les chercher avec des peines sévères dans les derniers rangs des soldats, chez les Bagaudes, chez les Barbares, et jusque parmi les esclaves de la glèbe, au milieu desquels ces magistrats d'une curie dégénérée, se trouvaient trop heureux d'avoir un humble coin !

Pour compenser tant de souffrances, les empereurs avaient accordé aux curiales, pour eux et leurs descendants, l'exemption de la torture et de certaines peines afflictives et infamantes, comme d'être condamnés aux travaux des mines, mis au carcan, brûlés vifs, etc. Quand ils avaient parcouru toute la carrière des charges municipales, avec l'approbation de leur compagnie, ils étaient exempts de rentrer dans les mêmes fonctions, et jouissaient des honneurs attachés au titre de comtes.—Les curiales, tombés dans la misère, étaient nourris aux dépens du municipe.

La curie se recrutait, et choisissait elle-même ses membres. Mais le gouverneur de la province, ayant le droit d'annuller les nominations de la curie, ce fut le gouverneur et non la curie qui recruta les curiales.

2o Les Esclaves étaient ou domestiques ou colons. Les esclaves domestiques avaient la condition des esclaves romains.

Les Colons (*coloni*, *originarii*, *inquilini*, *tributarii*, *censiti*) n'étaient pas frappés de la nullité civile des esclaves domestiques. Ils se mariaient, acquéraient des meubles et en disposaient avec l'autorisation du maître. Ils testaient et avaient la puissance paternelle et maritale. Ils ne devaient à leur maître qu'une redevance en argent ou en fruits, déterminée par l'autorité civile ou l'usage, et qui ne pouvait s'élever au gré de la cupidité du maître. Mais ils étaient attachés au sol, esclaves de la terre elle-même, et, par là, leur esclavage était plus dur que celui des esclaves domestiques, car ils ne pouvaient être ni affranchis, ni aliénés par leur maître; ils suivaient la terre, et on les donnait, vendait et affranchissait avec elle.

On avait fait au sujet du colonat deux exceptions aux principes du droit romain : le part d'une femme qui était dans cette servitude, quel que fût le père, suivait la condition de la mère. — L'homme libre qui travaillait trente ans comme colon était acquis par prescription au sol, ou au propriétaire de ce sol.

3° Entre les colons et les libres, il y avait une classe particulière qu'on appelait les Lètes. C'étaient des barbares, des étrangers, à qui l'on avait donné des terres, à la charge d'un service militaire. Dans la *Notice des dignités de l'empire*, nous trouvons que ces Lètes formaient des corps d'armées : on y lit :

Præfectus Letorum Teuctonicarum. — Letorum Batavorum. — Letorum Gentilium Suevorum. — Letorum Franorum. — Letorum Lingonensium. — Letorum Nerviorum.

Mais il est inutile de nous étendre sur la constitution des Gaules devenues Romaines. Cette constitution était celle de Rome même.

IV. Le droit qui s'était établi dans les Gaules était le droit romain des Préteurs et des Édits impériaux, c'est-à-dire le droit des gens et point le droit civil; le droit rationnel, équitable, commun à tous les hommes, et point le droit formaliste et national; celui qui se trouve dans le code de Théodose, et toutes les compilations du Bas-Empire; celui qui, d'après les principes des Prudents de Rome, se modifiait au gré des convenances et de l'utilité, respectait les coutumes locales et générales, et les estimait toutes une loi promulguée par le tacite consentement du peuple.

SECTION TROISIÈME.

LES BARBARES.

SOMMAIRE.

I. Invasion des Barbares. — II. Les Francs dominent seuls dans les Gaules. — III. Coup-d'œil général sur l'état des conquérants, partage des terres (1), des rois francs (2), des assemblées générales (3), des subdivisions politiques (4); de la distinction des personnes, les rois (5), les antrustions (6), des hommes libres (7), des lides (8), des esclaves (9), des affranchis *denariales* (10), des affranchis *tabularii* (11), des affranchis *cartularii* 12), de la condition des biens, des alleux et des bénéfices (13). — IV. Examen des lois barbares. — Elles sont personnelles (1), elles fondent la justice pénale sur un droit de vengeance racheté, de la faïda, du whergeld, de *la carta securitatis*, du fredum (2), du parricide (3), de la famille, du mariage des filles, des veuves, du morgengabe, du concubinat, du pouvoir marital, de la tutelle perpétuelle des femmes, du pouvoir paternel, du droit de tuer les nouveau-nés (4), de la richesse (5), de la cession de biens (6), de l'esclavage des débiteurs insolvables (7), des aliénations (8), de la donation de quotité (9), des lois successorales, non-usage des testaments, exclusion des filles dans la succession légitime (10); de la procédure, tous les hommes libres sont juges, du jugement de la nation, du roi, des comtes, des centeniers, des rachimbourgs, des sag-barons, des scabins (11), des preuves judiciaires, des procureurs, du serment, du témoignage, des co-jureurs, des ordalies (12). — V. État de la Gaule romaine et des Romains après la conquête.

I. On sait l'histoire lamentable du cinquième siècle; l'Empire romain tout affaibli par le despotisme, et pour dernière angoisse, ce fatal despotisme qui était devenu nécessaire, usé dans ses ressorts, impuissant; la civilisation corrompue retournant à la barbarie; partout les querelles religieuses; le monde manquant de guides, et toutes choses offertes au premier occupant.

Les Barbares qui rôdaient depuis longtemps autour des frontières de l'Empire; qui depuis quelques siècles avaient fait des irruptions partielles; qui se trouvaient mêlés aux Romains dans les armées, dans les fonctions supérieures, dans les champs, parmi les ouvriers, firent une invasion générale et se partagèrent les provinces de l'Empire.

La Gaule fut le sanglant champ de bataille de Rome expirante et de la Germanie envahissante. Elle resta la proie de divers barbares, qui étaient les Wisigoths, au midi, les Burgundes, au centre, les Francs, au nord.

II. Les Francs soumirent les Burgundes et chassèrent les Wisigoths (486 -- 509).

III. Constatons ce que ces barbares ont apporté dans la Gaule romaine, ce qu'ils y ont détruit, ce qu'ils y ont laissé debout.

1° Étant venus dans les Gaules, les Barbares prirent une part dans les biens des vaincus et se fixèrent.

Les Burgundes reçurent le tiers des esclaves, les deux tiers des terres, la moitié des forêts et la moitié des jardins.

Les Wisigoths prirent les deux tiers des terres et des forêts.

Les Francs, selon les conjectures de quelques auteurs, prirent le tiers du territoire conquis (1).

Les Barbares conservèrent leur organisation étroite de la guerre. Réunis pour la conquête, ils durent rester unis pour la conservation.

2° Leurs rois étaient héréditaires : l'érection des rois sur le pavois était la prise de possession d'un rang qui n'appartenait qu'aux membres de certaines familles privilégiées.

3° Une assemblée générale de la nation se convoquait tous les ans. Le peuple s'y rendait en armes. On y portait les ordonnances d'un intérêt commun ; on y décidait les expéditions ; on y terminait les procès ; le décret de Childebert de l'année 595 commence ainsi :

« Childebertus, rex Francorum, vir inluster : cum in Dei nomine nos per omnes kalendas martias, de quibuscumque conditionibus, unà cum nostris optimatibus, perscrutavimus, etc., etc. » — Grégoire de Tours nous raconte : « Transacto anno, jussit Chlodoveus omnem cum armorum apparatu advenisse phalangam, ostensuram in campo Martii suorum armorum nitorem ». Ces assemblées s'appelaient

(1) « On ne rencontre, dans l'histoire des Francs, aucune indication formelle d'un partage semblable ; mais on voit partout que le butin était tiré au sort entre les guerriers ; et ce qui prouve qu'on n'en agit pas autrement quant aux terres, c'est qu'un *manoir* (*mansus*) s'appelait originairement *loos*, *sors*. » M. Guizot : *Essais sur l'histoire de France*, 4e essai, chap. I, § 1.

Campi, du lieu où elles se tenaient; *campi martii* ou *maji*, du mois auquel on les convoquait; *Placita*, des choses qu'elles décidaient; *Malli*, de leur propre nom tudesque latinisé.

Les rois rendaient eux-mêmes la justice dans leur palais, au milieu d'un conseil d'évêques et de nobles : « Nos, in Dei nomine, in palatio nostro, ad universorum causas recto judicio terminandas, unà cum domnis et patribus nostris episcopis....., residemus. »

4° Le reste du peuple se divisait en Duchés, Comtés et Centaines, divisions personnelles, qui ne devinrent que bien tard territoriales; toutes les trois militaires; les deux dernières, militaires et judiciaires à la fois. A la tête de ces divisions se plaçaient les Ducs, les Comtes ou Gravions, les Centeniers ou Vicaires des comtes. Les comtes et les centeniers rendaient la justice dans des assemblées des hommes libres de la contrée, les *Rachimbourgs* ou les *Boni homines*.

5° Les personnes se distinguaient ainsi : le roi, ceux de la famille royale, ceux qui se trouvaient dans la fidélité du roi, les hommes libres, les esclaves.

Le roi s'intitulait *vir inluster*. La loi des Ripuaires prononce la peine de mort et la confiscation des biens contre celui qui est infidèle au roi; l'exil et la confiscation des biens contre celui qui tue ou insulte grièvement une personne du sang royal. «Que le nom de roi soit inviolable et hors de tout jurement», disent les lois des Angles. — « Qu'il meure celui qui attente à la vie du roi », disent les mêmes lois. — La loi des Saxons parle ainsi : «Que celui qui a comploté contre le roi et le royaume des Francs, meure; qu'il meure celui qui a tué son seigneur, le fils de son seigneur; qu'il meure celui qui a souillé la fille, l'épouse ou la mère de son seigneur; qu'il meure, qu'il n'ait point de paix, que l'Église le repousse. » — « Si quelqu'un conspire contre la vie du roi, qu'il perde lui-même la sienne, et que ses biens soient confisqués», dit la loi des Lombards.

Une loi étrange est celle-ci, du même code des Lombards :

« Si quelqu'un a conçu avec le roi la mort d'un homme, et s'il l'a tué d'après l'ordre du roi, qu'il soit tranquille, ainsi que son héritier; car nous croyons que les cœurs des rois sont dans les mains de Dieu, et il est impossible qu'il soit comparé à un homme celui dont le roi a voulu la mort. »

6° Les rois communiquaient à tous ceux qu'ils approchaient de leur personne le caractère privilégié qui les distinguait eux-mêmes : « Il est juste que ceux qui nous ont promis une foi fidèle soient mis sous notre garde. » Voici comment se contractait ce lien particulier entre le roi et quelques-uns de ses hommes : « Avec l'aide de Dieu, *un tel* est venu dans notre palais, accompagné de tous les siens ; il s'est placé sous notre main et nous a offert sa fidélité. C'est pour cela que nous l'avons mis au nombre de nos *antrustions* ; et, si quelqu'un ose le tuer, qu'il sache qu'il paiera un wergeld de 600 solides. » Le whergeld paraît augmenter avec la faiblesse de ceux qu'il protége ; car nous trouvons dans la loi Salique que celui qui tue un Romain ou un Lite, qui se trouve *sous la garde du roi* (*in truste dominicâ*) payera 900 solides.

Les Antrustions se rencontrent dans les *Mœurs des Germains* de Tacite : « Libertini, dit-il, non multò suprà servos sunt,.... exceptis duntaxat iis gentibus quæ regnantur (qui sont gouvernées par des rois). Ibi enim et super ingenuos et supra nobiles adscendunt. »

Les poëtes de la basse latinité ont parlé des Antrustions dans leurs hémistiches :

Nunc etiam placidi Sigeberti regis amore
Sunt data servitiis libera dona tuis.
Jussit et egregios inter residere potentes,
Convivam reddens proficiente gradu.

Ces hommes sous la fidélité du roi s'appellent tour à tour *antrustions*, *convives*, *leudes*, *fideles*, *familiares et gasindii.*

Le roi donnait le plus souvent à ces antrustions des bénéfices, des terres de son domaine, qui, selon l'étendue de la concession, devaient être héréditaires, viagers, à charge de services spéciaux, etc.

7° Au-dessous du roi, des princes, des antrustions et des fonctionnaires supérieurs, à qui le roi donnait une part dans sa puissance, il y avait les hommes libres. Ceux-ci formaient entre eux des associations, qui avaient pour but de défendre et de garantir réciproquement les associés contre toutes espèces d'atteintes. C'est dans les lois des Angles que l'on trouve des traces évidentes de ces associations.

Ces divisions des hommes par dixaines et centuries de dixaines, étaient, dans le principe, des divisions militaires. En se fixant par la conquête, en s'attachant au pays conquis par l'appropriation et la culture du sol, les hommes qui composaient ces divisions, de soldats devinrent des agriculteurs, des propriétaires jouissant à l'aise de leurs biens; les divisions militaires se convertirent alors en divisions civiles, et ces titres de centeniers et de dixainiers indiquèrent plutôt des juges que des capitaines.

Mais de tels changements furent longtemps à se faire; car les Barbares étaient surtout des soldats; ils en eurent toujours l'humeur; et les intérêts de leur conservation, au milieu des vaincus et des vainqueurs, leur commandèrent d'en maintenir longtemps l'organisation.

Un rituel du douzième siècle renfermait encore une prière ainsi conçue : *Omnibus judicibus et cuncto exercitui christianorum salus et victoria!*

Dans l'absence d'une autorité supérieure, régulièrement protectrice de tous les individus; au milieu des désordres de ces entassements successifs de conquérants, qui affluaient et se déplaçaient sans cesse; les hommes libres, qui composaient les dixaines et centuries de dixaines, durent régler ensemble leurs intérêts communs, et se garantir une assistance réciproque contre toutes les atteintes du dehors, en excluant, toutefois, de leur association ceux qui ne pouvaient être que des charges pour les associés, les faibles et les pauvres.

8° Avant d'arriver aux esclaves chez les Germains, il faut dire un mot des *Lites*.

Les *Lites*, *Lati* ou *Lazzi*, les mêmes qui chez les Romains s'appelaient les Lites ou les Lètes, étaient une classe intermédiaire entre les esclaves et les hommes libres.

Nithard dit, en parlant des Saxons : « Sunt inter illos qui *Ethilingi*, sunt qui *Frilingi*, sunt qui *Lazzi* illorum linguâ vocantur; vero nostrâ linguâ hii sunt *nobiles*, *ingenuiles* atque *serviles* ». Windelinus dit : « Litos fuisse conditionis mediæ inter liberos et servos, sivè mancipia, constat. » La loi des Frisons détermine pour le noble une composition de onze livres; pour le libre, une composition de cinq livres et demie; pour le lite, une composition de onze livres et neuf onces; pour l'esclave, une composition d'une livre et quatre onces.

Les Lites s'approchaient de la condition des hommes libres, en ceci qu'ils possédaient des biens immobiliers, qu'ils en percevaient pour eux-mêmes les fruits, et qu'ils payaient eux-mêmes les compositions auxquelles ils étaient condamnés pour leurs délits. Mais ils étaient esclaves, en ce sens qu'ils étaient tenus envers leurs maîtres à certains services, et que ceux-ci pouvaient les en affranchir à leur gré. La loi Salique (titre 30 de la loi ancienne, titre 28 de la loi réformée), condamne à la composition de cent solides celui qui affranchit le Lite d'autrui, à l'insu et sans la volonté de son maître.

La propriété des Lites était sans doute une possession utile dont le maître avait le domaine éminent; car, aux mêmes titres, la loi Salique condamne l'affranchissant à restituer au maître les choses du Lite affranchi sans sa participation.

9° Les Barbares traînaient à leur suite de nombreux esclaves : ils en faisaient un grand commerce, et les traitaient suivant leur humeur. « Verberare servum, aut vinculis et opere coercere, rarum. Occidere solent, non disciplinâ et severitate, sed impetu et ira; ut inimicum, nisi quod impunè. »

Pour affranchir les esclaves, les maîtres leur donnaient des biens et une lettre ou charte constatant leur liberté; puis ils les laissaient s'établir dans le voisinage de leurs maisons.

Mais il y avait un affranchissement solennel qui élevait en quelque sorte l'esclave affranchi au rang des hommes libres; c'était l'affranchissement en présence du roi.

Plus tard, quand les Barbares se furent convertis au christianisme, ils affranchirent devant l'église et par actes privés.

Les affranchissements se faisaient ainsi : *Antè regem*, — *in ecclesia*, — *per chartam;* et l'on distinguait les affranchis *denariales*, les affranchis *tabularii*, et les affranchis *cartularii*.

10° Les premiers se faisaient ainsi : Un homme, le maître ou son mandataire, paraissait devant le roi avec un esclave. L'esclave tendait la main, et sur cette main il y avait un denier. Le maître ou son mandataire, frappant la main de l'esclave par-dessous, faisait sauter le denier en l'air, et l'esclave s'en allait libre, ayant reçu une charte ainsi conçue : « Un *tel* a paru devant nous avec son esclave, et de sa propre main, en notre présence, ayant fait sauter le denier, a renvoyé l'esclave libre selon la loi Salique. Nous confirmons cette liberté de notre autorité. Que l'affranchi s'en aille, et que, semblable à tous ceux qui ont été affranchis comme lui en notre présence, il jouisse de sa liberté, et, qu'avec l'aide de Dieu et notre protection, il ne souffre aucune inquiétude. »

Cette manumission *per præsentiam regis* et *denarium jactatum vel excussum*, se trouve dans la loi Salique, titre 30 de l'ancienne, titre 28 de la réformée. Dans la loi des

Ripuaires, titre 57, on lit que l'affranchi *per denarium* est libre comme les autres Ripuaires, et qu'il vaudra comme eux deux cents solides.

L'affranchi *denarialis* devenait un homme du roi et demeurait sous sa protection. Le roi lui succédait à défaut d'héritiers directs. Le whergeld dû par le meurtrier d'un affranchi *denarialis* se payait au roi et non à la famille de l'affranchi.

11° Les affranchis *tabularii* se faisaient ainsi : Le maître conduisait l'esclave à l'église ; et là, en présence des prêtres, des diacres et du peuple réunis, il mettait l'esclave sous la main de l'évêque. L'évêque ordonnait à son archi-diacre d'écrire sur des *tablettes*, données par le maître de l'esclave, que l'esclave était libre selon la loi romaine de l'Église, qu'il était libre ainsi que sa postérité ; qu'il vivrait sous la protection de l'Église, et que désormais, s'il devenait esclave, il le serait de l'Église elle-même qui l'avait affranchi.

Si quelqu'un voulait s'emparer de l'affranchi *tabularius*, il était condamné à restituer l'affranchi et ses biens à l'Eglise, et à payer à celle-ci une amende de 60 solides.

Si l'affranchi *tabularius* mourait sans enfants, ses biens appartenaient à l'Église.

Les affranchis *tabularii* payaient à l'Eglise une redevance qui consistait le plus souvent en de la cire pour le service divin.

12° Les affranchis *cartularii* se faisaient encore par l'intervention de l'Église, mais moins directement ; ils tiraient leur liberté de *chartes privées*, inspirées ou ratifiées par l'Eglise.

Voici quelques extraits de ces chartes d'affranchissements :

« Celui qui affranchit ses esclaves doit espérer une récompense auprès du Seigneur. C'est pour cela que, moi et mon épouse, pour le soulagement de nos âmes et la rémission de nos péchés, avons affranchi un *tel*, notre esclave, de toute servitude. — Sois libre, toi et les tiens, sois déchargé de tout ce que tu dois, à nous, à nos héritiers, excepté de ce que tu dois à Dieu. Emporte ton pécule, et tâche de l'augmenter. Si tu te trouves faible et impuissant contre des persécuteurs, invoque la protection de l'Église ou de quelque puissant ; tu le peux. Conduis-toi honnêtement dans ta liberté. — Si quelqu'un de nos héritiers, et nous ne le pensons pas, osait vouloir te remettre en servitude, implore la main de l'Eglise ;

que l'Eglise chasse de son sein notre inique héritier et le fasse condamner aux amendes portées par les lois. Adieu ; que ta liberté soit forte dans tous les temps. »

Autre charte : — « Un tel à son serviteur bien aimé. — Considérant le besoin de me faire remettre mes péchés et les avantages de ton service, je t'affranchis, mais à cette condition que tu me serviras tant que je vivrai. Quand je serai mort, si tu m'as survécu, tu seras libre, toi et les tiens ; tu emporteras ton pécule et tu n'auras rien à craindre de mes héritiers. »

Autre charte : « — Si j'affranchis quelqu'un de mes esclaves, c'est que j'espère une récompense là haut. C'est donc pour la rémission de mes péchés et le soin de mon salut éternel, que je t'affranchis, toi, mon esclave. Sois libre comme si tu étais né de parents ingénus. Emporte ton pécule. Ne crains point mes héritiers. Tu peux, au contraire, choisir parmi eux celui qui doit te protéger. Tu peux aussi implorer la protection de l'Église. — Je te prie seulement d'une chose : apporte, tous les ans, sur le lieu où reposera mon pauvre corps (*corpusculum*), un petit cierge que tu feras brûler en priant pour moi. »

Des capitulaires vinrent restreindre la condition libre de tous ces affranchis : un capitulaire de Charlemagne interdit aux affranchis *denariales* de succéder à leurs parents jusqu'à la troisième génération : une même interdiction frappa les affranchis *cartularii*.

Un capitulaire de date incertaine défend de recevoir en justice le témoignage des affranchis, dans toutes les causes, du moins, qui intéressaient les hommes libres.

Le werhgeld des affranchis chartulaires devait se payer au roi, toutes les fois que ces affranchis ne se trouvaient pas sous un patronage déterminé.

13° Les Germains, comme on le voit dans Tacite, ne connaissaient, avant l'invasion, que la propriété mobilière. Ils percevaient les fruits de la terre ; mais toujours en mouvement, ils ne se considéraient point comme les maîtres de la terre.

Après la conquête, ils connurent la propriété foncière et cultivèrent ou firent cultiver les terres comme les Gallo-Romains.

Il y eut alors deux sortes de biens fonciers, les *Alleux* et les *Bénéfices*.

Les *alleux* étaient primitivement les terres que chaque Germain avait reçues en partage par la voie du sort. En général, ils furent toute propriété libre et indépendante (1), quelle qu'eût été son origine.

Les *bénéfices* étaient les terres que les rois, des chefs ou des particuliers accordaient pour un temps ou à perpétuité, à la charge d'un service militaire, d'un hommage respectueux ou d'un service quelconque. Ces terres n'étaient point libres, en ce sens, que leurs propriétaires ou possesseurs viagers étaient obligés à leur occasion.

IV. Quelque diverses et incertaines que soient les lois barbares, elles se rencontrent dans les points essentiels, et indiquent sur les choses et sur les faits des idées et des mœurs communes.

Examinons-les en tâchant de les dégager du mélange des idées chrétiennes et des usages romains.

I. Les lois barbares sont toutes personnelles. Quand un homme paraît devant le juge, il déclare sa loi, et se fait juger selon la teneur de sa loi. Des punitions sont infligées aux juges qui appliquent aux plaideurs une loi qui n'est point la leur.

Une formule de Marculphe prescrit aux comtes de régir chaque homme d'après sa loi : « Eos (*Francos*, *Romanos*, *Burgundiones*), recto tramite secundùm legem et consuetudinem eorum regas.... » Les capitulaires de Charlemagne ajoutés à la loi des Lombards, prescrivent, en plusieurs endroits, d'appliquer à chacun sa loi personnelle. A propos d'un esclave fugitif, ces capitulaires décident qu'on pourra toujours le revendiquer, s'il s'agit d'un maître franc, allemand, etc., mais que, s'il s'agit d'un maître lombard ou d'un maître ro-

(1) « Les premiers alleux furent les terres prises, occupées ou reçues en partage par les Francs, au moment de la conquête ou dans leurs conquêtes successives. — Le mot *alod* ne permet guère d'en douter. Il vient du mot *loos*, sort, d'où sont venus une foule de mots dans les langues d'origine germanique, et en français les mots *lot*, *loterie*, etc. » M. Guizot, Ess. sur l'hist. de France, 4e es., § 1. — Selon d'autres auteurs, le mot *alod* se compose de deux mots teutoniques, *od* ou *ot*, *richesse*, *propriété*, et *al*, *all*, *tout*; et désigne une *propriété pleine* et entière. L'une et l'autre étymologie conviennent également au sens du mot *alleu* : la dernière cependant se justifie davantage par la condition constante des alleux.

main, ils doivent acquérir ou perdre leurs esclaves d'après les prescriptions de leurs lois. — Dans des lois ajoutées par Pépin au code des Lombards, on lit : « D'après notre usage, si un Lombard et un Romain ont des contestations ensemble, qu'on observe ceci : « Les Romains succèderont, contracteront des obligations, prêteront serment, et feront tous les actes selon la loi romaine. S'ils ont à payer une composition, ils la payeront sur le taux de la loi de l'offensé. Il en sera de même à l'égard des Lombards. »

La naissance déterminait la loi que l'on devait suivre : « Justum est, disent les lois Lombardes, ut homo de adulterio natus, vivat secundùm qualem legem voluerit » Les affranchis suivaient le plus souvent la loi de leur patron. Les femmes mariées, les enfants, suivaient la loi de leurs maris, de leurs pères. Les veuves reprenaient la loi de leur origine.

On a cru, mais à tort, que l'on pouvait choisir la loi qu'on voulait. La loi était propre à chacun, ainsi que son origine même. Comme dans le mélange des peuples, l'origine et la loi de chacun devenaient incertaines, Lothaire II rendit chez les Lombards une constitution par laquelle on força chacun à *professer sa loi*, à la constater d'une manière authentique. Des auteurs ont pris cette *profession de la loi*, pour l'obligation de *choisir* publiquement et définitivement sa loi.

Dans les pays où les Romains et les Barbares étaient traités avec égalité, il n'est pas impossible qu'on permît de quitter la loi romaine pour la loi barbare, et réciproquement.

Dans les actes de juridiction volontaire, comme les testaments, sur lesquels les lois barbares ne statuaient pas, il est certain que les Barbares eux-même pouvaient employer la loi la plus complète, qui était la romaine.

Mais là où les Barbares étaient supérieurs aux Romains, pour tous les actes réglés par les lois barbares, chacun demeurait incommutablement régi par la loi de son origine.

Ce qui le prouve, ce sont les nombreuses prescriptions pour déterminer la loi de chacun. Si l'on s'était abandonné au choix des individus, toutes ces prescriptions auraient été remplacées par une prescription ainsi conçue : le juge appliquera la loi qu'invoqueront les plaideurs.

2. Une offense ayant été faite dans la personne ou les biens d'un homme, l'offensé a un droit de vengeance. S'il ne peut l'exercer, ce droit de vengeance appartient à sa famille, à son protecteur, à ses associés. S'il n'a ni famille, ni protec-

teur, ni associés, le droit de vengeance n'appartient à personne. Le roi se l'arrogeait alors le plus souvent ; quelquefois l'Église. Mais ce droit de vengeance, dans l'intérêt de la paix publique, devait se résoudre en une somme d'argent ou de choses évaluées, payable par l'offenseur ou les siens à l'offensé, ou à ses ayants-droit. Une partie de cette somme, ordinairement le tiers, appartenait au roi ; car, protecteur de la paix publique, comme il avait une part dans toutes les offenses qui la troublaient, il devait en avoir une dans les satisfactions qui la vengeaient.

Voici quelques détails de ce que nous venons d'avancer :

Une offense ayant été commise, la *faïda* s'élevait entre l'offenseur et l'offensé : *exoriebatur faïda* (1). Elle s'attachait à l'offenseur et aux siens : *faïdam portabant, faïdosi ibant.*

« Homo faïdosus, dit la loi des Frisons, pacem habeat in ecclesia ; in domo suâ ; ad ecclesiam eundo, de ecclesiâ redeundo ; ad placitum eundo, de placito redeundo. Qui hanc pacem effregerit, et hominem occiderit, novies XXX solidos componat. — Si vulneraverit, novies XII solidos componat ad partem regis. »

Mais la paix publique ne pouvait ainsi souffrir de ces vengeances privées ; et le roi intervenait avec les prêtres et les comtes, pour obliger l'offensé à recevoir une satisfaction pécuniaire de son droit de vengeance : « Si quis, aliqua necessitate agente, homicidium commisit, comes, in cujus ministerio res perpetrata est, et compositionem solvere et faïdam per sacramentum pacificare faciat. »

Mais comme on ne pouvait obliger personne à renoncer à son droit de sang, n'ayant aucun moyen légitime de forcer l'offensé récalcitrant, le roi le faisait tout simplement enlever de force et transporter bien loin du lieu de la vengeance : « Si quis pro faïdâ pretium recipere non vult, tunc ad nos transmittatur, ut nos ipsum dirigamus ubi damnum nemini facere possit. »

Il en était de même pour l'offenseur qui se sentait d'audace et de force à braver la vengeance de l'offensé : « Simili modo qui pro faïdâ pretium solvere non vult et justitiam

---

(1) Faïda, fayda, fehde, Feth, Fæhtbe, Fehthe vient, selon les Glossateurs, du saxon *Fah*, qui signifie ennemi.

exinde facere, in talem locum illum mittere volumus, ut pro eodem majus damnum non nascatur. »

Une preuve certaine que le roi ne se reconnaissait pas le droit de forcer aux compositions, c'est qu'il empêche et ne punit pas ceux qui veulent de la vengeance.

L'offenseur donnait à l'offensé la somme à laquelle son offense avait été estimée par les lois. Cette somme s'appelait *weregeldum*, *whergeld*, s'il s'agissait d'un homme tué, blessé ou insulté; *wedregeldum*, s'il s'agissait d'une chose volée, gâtée ou détruite (1). Si l'offenseur ou les siens avaient des biens en substance, mais point d'argent monnayé, ils pouvaient payer avec leurs biens, dont la valeur correspondante au taux des solides, avait été appréciée par les lois. Selon la loi des Ripuaires, un bœuf sain, avec de belles cornes et de bons yeux, vaut deux solides; une vache, de même qualité, vaut un solide; un cheval sain, et avec de bons yeux, vaut six solides; une cavale, de même qualité, ne vaut que trois solides; une épée avec son fourreau vaut sept solides; trois solides, sans fourreau; une bonne cuirasse vaut douze solides; un casque avec son aigrette vaut six solides; de bons cuissards valent six solides; un bouclier et une lance valent deux solides; un faucon non apprivoisé vaut trois solides; un faucon dressé à la chasse des grues vaut six solides; un faucon qui a changé de plumes vaut douze solides.

La loi Salique ne veut pas que l'on compose avec des épées et des faucons, « parce que, dit-elle, on fait des folies pour ces objets. »

L'offensé donnait à l'offenseur une lettre appelée *Charta securitatis*, et ainsi conçue : « Tu avais méchamment tué mon parent, et ta vie était en danger. Les prêtres et les hommes honorables, dont les noms suivent, sont intervenus entre nous, et nous ont ramenés à la paix. Par suite de notre accord, tu me payes un tel nombre de solides. Te voilà exempt de ma vengeance. Reçois cette lettre de sûreté; elle atteste que ni moi, ni mes héritiers, ni aucun des miens, n'avons le droit

(1) Weregeldum venait de deux mots saxons, *were* (d'où wair, vir, varon, baron) *homme*, et *guld*, *geld gilt*, *prix*. *Wedregeldum*, venait de *wider*, *wedder*, *chose*, et du même mot *guld*, *geld*, *gilt*, *prix*. — Les deux mots *weregeldum* et *wedregeldum* ont été pris l'un pour l'autre et se sont confondus en un mot de douteuse orthographe, que l'on emploie aussi bien à propos des délits contre les personnes qu'à propos des délits contre les choses.

de te poursuivre. Si quelqu'un des miens te poursuivait pour ce meurtre, et si je ne te défendais pas, je m'engage à te donner, à toi et au fisc, le double de ce que je reçois aujourd'hui. »

Il arrivait que l'offenseur disait ironiquement à l'offensé : « Rends-moi grâces, de ce qu'il m'a pris envie de tuer de tes parents : tu as accepté la composition, et tu as bien fait; car maintenant, te voilà riche. Ta maison regorge de mes biens (1). »

On appelait *Fredum* cette partie du wehrgeld qui se payait au roi. Tacite nous apprend que déjà, dans les forêts de la Germanie, une partie de la composition appartenait au roi : « Pars mulctæ regi vel civitati... exsolvitur. »

Un tel usage ne put que se fortifier après l'établissement des Germains. Le fredum était perçu par les comtes et les juges royaux : « Nec ullus judex fiscalis, de quâcumque libet causâ, freda non exigat priusquam facinus componatur. Si quis autem per cupiditatem ista transgressus fuerit, legibus componatur. »

3. Quand un crime était commis dans une famille par un de ses membres envers un autre membre, il ne s'élevait point de droit de vengeance, et partant il n'y avait point de wehrgeld possible. Le crime que Solon avait oublié dans ses lois, parce qu'il le croyait au-dessus de la perversité humaine, le *parricide*, est aussi oublié dans la plupart des lois barbares, mais parce qu'on ne sait pas comment s'y prendre pour le punir. La loi des Frisons en parle cependant, et voici tout ce qu'elle prononce contre lui : « Si quis patrem suum occiderit, perdat hereditatem quæ ad eum pertinere debebat. »

On trouve dans les capitulaires des plaintes répétées, par lesquelles les évêques invoquent contre les parricides et les incestueux la puissance du bras séculier : « O douleur! s'écrient les évêques, les incestes, les parricides se multiplient; les coupables résistent pour la plupart à notre voix : nous les excommunions, nous les chassons des églises; mais ils n'en persistent pas moins dans leurs crimes. Que votre prudence fasse ce qu'il reste à faire. »

---

(1) Grégoire de Tours nous représente un certain Sichar parlant à peu près ainsi à son offensé Chramnisinde, lib. IX, cap. 19.

Dans les lois des Lombards, on suit avec anxiété les efforts de la conscience publique, pour trouver un moyen de réprimer les parricides.

Lothaire, selon Muratori, Louis-le-Pieux, selon Baluze, ajouta aux lois lombardes cette loi : « Il en est qui, par cupidité, tuent leur père, leur mère, leur frère, leur sœur. Qu'ils soient trompés dans leur cupidité; qu'ils perdent tout droit à l'héritage des tués, et soient soumis aux pénitences publiques ordonnées par l'évêque. »

Les évêques répondent : « Les parricides ne veulent pas se soumettre aux pénitences que nous leur imposons. Que le roi ordonne à ses comtes de nous aider à les y soumettre. »

Le roi inscrit la prière des évêques parmi les lois des Lombards, et probablement cette inscription signifie que les comtes doivent prêter leur appui aux évêques.

Enfin, l'empereur Henri Ier rend une constitution qui enlève au parricide tout droit de succéder aux personnes tuées, le soumet aux pénitences publiques de l'église, et de plus donne le fisc pour héritier au parricide lui-même. Si le parricide nie avoir commis le crime, il doit le nier en champ clos : on ne lui permet de se faire remplacer par un champion que dans le cas où il serait très-jeune ou très-vieux. Si le parricide est vaincu, il ne succède point à son père; il a le fisc pour héritier; il est soumis aux pénitences de l'église, et de plus, il perd la main, ou la rachète. S'il avoue son crime sans combattre, il souffre tout cela, moins la perte de la main. S'il est vainqueur, il ne souffre rien, et c'est au vaincu à perdre ou à racheter sa main.

La loi des Allemands parle ainsi des parricides et des fratricides : « Si quelqu'un a tué son père ou son frère..., qu'il sache qu'il a péché contre Dieu, et qu'il n'a pas observé la charité. Qu'en présence de tous ses parents, il soit dépouillé de ses biens ; que ses héritiers n'en aient rien, et qu'il se soumette aux pénitences de l'Église. »

On aperçoit ici évidemment une loi introduite par les évêques, étrangère à l'esprit et au langage des lois barbares.

La loi des Wisigoths est la seule qui punisse de mort le parricide, le fratricide et tous les crimes qui se commettent dans la famille même, sans qu'ils puissent éveiller la *faida*. On sait que la loi des Wisigoths, successivement formée et modifiée, s'est éloignée en un très-grand nombre de points, de l'esprit des lois barbares. On y lit cependant, à propos des parricides et des fratricides, que, s'ils ont été commis après de graves injures dûment prouvées, les meurtriers n'ont rien à craindre.

Pour terminer sur les *Compositions* ou *wehrgeld* des Barbares, disons ici qu'ils variaient selon la gravité de l'offense, le rang, le sexe, l'âge de la personne offensée; la qualité de la personne offensante; selon le lieu où l'offense se commettait; selon les circonstances qui l'accompagnaient; selon la facilité qu'il y avait à commettre l'offense. C'est ainsi que les personnes faibles et les choses qui ne peuvent se garder sont plus sévèrement protégées que les personnes fortes et les choses non exposées.

On risque de se tromper, lorsque, pour déterminer la condition des personnes chez les Germains, on considère exclusivement les wehrgelds et leurs différences.

4. Les Barbares avaient si peu l'idée du pouvoir d'un homme sur un autre homme, que, même en l'exerçant en réalité, dans sa forme la plus rude, ils se considéraient comme des gardiens et des protecteurs.

Il n'y avait que les esclaves sur lesquels le pouvoir des maîtres s'appelât franchement propriété. Mais le pouvoir des pères sur leurs enfants, des maris sur leurs femmes, n'était en apparence qu'un *Mundium* (1) ou qu'une *garde*.

Parcourons quelques traits de ces institutions de la famille chez les Barbares.

Avant que le mariage ne devînt un sacrement, il n'était chez les Barbares qu'un acte de vente entre le père de la fille et l'époux. Frédégaire, en parlant du mariage de Clovis et de Clotilde, dit : « *Legatos ad Gundobadum dirigit, petens ut Chrotechildem, neptem suam, ei in conjugium sociandam traderet. Quod ille denegare metuens, et sperans amicitiam cum Clodoveo inire, eam se daturum spondit. Legati, offerentes solidum et denarium, ut mos erat Francorum, eam partibus Clodovei sponsant.* » — Dans les anciennes formules de Lindenbrock, on lit : .... *Parentibus nostris utriusque partis complacuit, ut te solido et denario, secundùm legem salicam, sponsare deberem.*

La loi des Burgundes punit comme un voleur celui qui

(1) Mundium, mundeburdium, dérive de *mund*, garde. — Nous en avons fait *mainbournie*, et par traduction, *garde gardienne*.

épouse une fille qu'il n'achète pas de ses parents : *Sexiès puellæ pretium raptor exsolvat.* La même loi condamne celui qui répudie sa femme sans motifs à payer à la femme répudiée une somme égale au prix qu'il en avait donné en l'épousant : .... *quantum pro pretio ipsius dederat.*

La loi des Saxons est encore plus formelle, et elle met les filles à un prix très-élevé : « Que celui qui veut une fille donne aux parents trois cents solides. »

La loi des Allemands, comme celle des Burgundes, condamne à la restitution et à une peine pécuniaire celui qui épouse une fille sans l'acheter préalablement à son père : « Si quelqu'un a pris pour épouse une femme qu'il n'avait pas achetée, et si le père la demande, qu'il la lui rende avec quatre-vingts solides de composition. Si la femme est morte pendant le mariage, sans que le mari ait acheté au père son *mundium* sur la femme, que le mari paye au père quatre-vingts solides. Si la femme a eu des enfants, et qu'ils soient morts avant l'acquisition du *mundium*, que l'époux indemnise le père du prix de ces enfants comme du prix de leur mère. »

Si l'épousée était une veuve, son prix augmentait avec la fortune qu'elle avait acquise d'un premier mariage. La loi Salique en traite ainsi : « Si une veuve veut se remarier, que le dixainier ou le centenier convoque une assemblée; qu'il y vienne, tenant un bouclier, et qu'il appelle trois plaideurs et trois causes. Alors celui qui veut épouser la veuve doit paraître avec trois témoins et trois solides, plus un denier. Les témoins donneront leur approbation, et l'époux emmènera la veuve. Pour ne pas remplir ces formalités, on payera soixante-deux solides au fisc. Pour les avoir observées, on contractera un mariage sûr, etc. »

Le mari faisait souvent une donation à son épouse. On voit dans tous les anciens formulaires des exemples de ces donations, qui toutes rappellent le style et les formes des donations *propter* et *antè nuptias* du droit romain. Mais ce qui appartient en entier aux mœurs germaniques, c'est le *Morgengabe* ou *don du matin*, que l'époux faisait à l'épouse le lendemain de la première nuit des noces. Les rois lombards furent obligés de restreindre le *morgengabe*. Une loi de leur code défendit aux maris de donner au delà du quart de leurs biens; et, comme il arrivait que les héritiers du mari contestaient souvent l'étendue du *morgengabe*, on dut le soumettre à la forme d'un acte par écrit, signé par des témoins. Dans la loi des Allemands, à propos de la veuve qui se remarie, il y a une discussion à coups d'épées, afin de prouver la quotité de ses biens. Mais pour les biens du morgengabe, il suffit que la veuve jure, par son sein ou ses mamelles, les avoir reçus de son époux.

Les Germains pratiquaient le *concubinatus* aussi bien que les Romains : la concubine, comme à Rome, n'avait ni titre d'épouse, ni dot. Ses enfants étaient bâtards et ne succédaient point à leur père. Tout ce que la concubine recevait, c'était un large morgengabe : on appelait cette union particulière mariage *ad morganaticam*, mariage morganatique. « Non omnis mulier, disent les capitulaires, quæ viro juncta, est uxor viri. Neque omnis filius heres est patris. Nam, aliud est uxor, aliud concubina. »

Le mari avait sur son épouse une autorité absolue. Il pouvait la frapper afin de la corriger de quelques défauts. Il pouvait la quitter et la rendre à ses parents. Mais l'Église est intervenue pour ne permettre le divorce que dans des cas restreints : de même, pour empêcher l'un et l'autre époux de contracter de nouveaux liens, avant la mort l'un de l'autre.

L'adultère était vengé par le mari ; il pouvait tuer le complice et sa femme s'il les surprenait en flagrant délit ; il pouvait mutiler sa femme et la chasser. Selon quelques lois, le mari pouvait demander une somme d'argent au complice. L'adultère était une cause de divorce.

A la dissolution du mariage, la femme emportait les dons du mari, plus un tiers des biens acquis pendant le mariage, selon la loi des Ripuaires. la moitié selon la loi des Saxons.

Les femmes étaient toujours sous quelque tutelle ; filles, sous celle de leurs parents ; mariées, sous celle de leur mari ; veuves, sous celle de leurs parents encore. La loi des Saxons donne même pour tuteur à la veuve le fils que son mari défunt aurait eu d'une autre femme ; à son défaut, le frère du mari, ou son plus proche parent du côté paternel. Dans les lois des Lombards on lit : « Nulli mulieri liberæ sub regni nostri ditione, secundùm legem Longobardorum viventi, liceat in suæ potestatis arbitrio, id est, sinè mundio vivere ; verò semper sub potestate virorum aut certe regis permaneat. Nec aliquid de mobilibus aut immobilibus, sine voluntate ipsius, in cujus mundio fuerit, habeat potestatem donandi aut alienandi. » On voit dans les capitulaires des rois francs, ce précepte souvent répété, que les veuves se trouvent sous le *mundium* du roi.

Il ne faut pas douter que les pères n'eussent sur leurs enfants une autorité de propriétaire. Nous avons vu qu'ils vendaient leurs filles. Dans la loi des Frisons, sous la rubrique *de homicidiis sinè compositione*, on trouve...... *et infans ab utero sublatus et enecatus à matre*. Mais il paraît que les parents germains ne se reconnaissaient le droit de tuer le nouveau-né qu'au moment de la naissance, avant qu'il eût pris toute espèce de nourriture. « Mos erat Paganorum, est-il écrit dans la vie d'un saint, ut si filium, vel filiam necare voluissent, absque cibo terreno necarent. »

5. Dans ces unions personnelles que les Germains contractaient, soit entre eux, soit avec des chefs, la richesse, bien plus que la force physique, donnait aux individus le degré de leur valeur. En effet, dans les dixaines et les centuries, celui qui était riche ne laissait à personne l'inquiétude de payer pour lui les compositions : il assurait, au contraire, à chacun des associés une garantie réelle. De même, la richesse d'un vassal, en honorant le seigneur, lui assurait de bons services, et le dispensait d'avoir à lui prêter souvent sa protection. Dès lors, chez les Germains, la richesse devait être considérée. Mais il y a plus, comme la richesse d'un homme importait à plusieurs, on devait gêner l'aliénation des biens de chacun, en surveiller l'emploi, en diriger la transmission.

A ce point de vue seulement, on comprend ce prodige ; comment, chez un peuple nouveau et qui n'a aucune forme politique ou civile arrêtée, il se rencontre l'amour de l'argent des vieilles sociétés, les mutations de propriété prudemment faites, la conservation des biens dans les familles, et toutes ces institutions sur les choses des pays aristocratiques et de soigneuse administration.

Qui peut nier que la richesse ne fût en honneur chez les Germains ? Parmi des barbares impétueux, on voit les offensés s'en contenter facilement, au lieu du sang de l'offenseur. C'est avec des *Recommandations* de biens que l'on achète la protection des grands. C'est avec des bénéfices et non avec des marques honorifiques que l'on paye les services signalés. Les hommes libres ne se trouvent pas de plus beau nom que celui de *Rachimbourgs*, ou de *Ricos hombres*, comme disent les Espagnols, ou de *Boni homines*, comme disent les vieux formulaires..

6. La pauvreté est un déshonneur. Voyez par quelles formalités humiliantes, pour lui et les siens, passe un débiteur insolvable. « Si quelqu'un ne peut pas payer le whergeld pour un homme tué, qu'il fournisse douze co-jureurs pour affirmer que sur la terre, dans la terre, il n'a plus rien qu'il puisse donner. Puis, qu'il entre dans sa maison, qu'il ramasse aux quatre coins de la poussière dans sa main, et que, se tenant sur le seuil de la porte, les yeux tournés vers l'intérieur de la maison, il jette avec la main gauche, et par-dessus ses épaules, la poussière ramassée, sur son parent le plus proche. Si déjà son père, sa mère ou son frère ont donné pour lui, qu'il jette la poussière sur la sœur de sa mère ou sur ses fils ; à défaut de ceux-ci, sur ses plus proches parents du côté de son père ou de sa mère. Cela fait, en chemise, sans ceinture, déchaussé, qu'à l'aide d'un bâton, il saute par-dessus la haie de la maison. Si les parents sur lesquels il a jeté la poussière ne peuvent pas payer, que ceux-ci répètent envers leurs autres parents les mêmes formalités. Si personne ne se trouve qui puisse payer, que le créancier prenne le débiteur, et le présente dans quatre assemblées successives ; et si personne ne consent à payer la composition et à le racheter, qu'on le fasse composer avec sa vie même. »

7. Comme cette loi des XII Tables, si pénible aux pauvres, les lois germaniques livrent au créancier le corps du débiteur. On trouve encore dans les Assises du royaume de Jérusalem, cet usage : « Si tu as emprunté, et qu'à l'échéance tu ne payes pas, affirme par serment que tu n'as rien pour payer, ni sur la terre, ni sous la terre. Puis, que les juges donnent le débiteur au créancier : que le créancier le tienne chrétiennement dans sa maison, jusqu'au moment où il recouvrera son argent. » La loi des Bavarois livre de même le débiteur au créancier, afin qu'il le fasse travailler, et qu'il se paye avec les fruits de ses travaux. Même disposition dans la loi des Saxons. Une formule bien expresse fait parler ainsi un débiteur : « Je ne puis te payer ; je te donne mon ingénuité ; et tout ce que tu fais de tes esclaves, les ventes, les échanges, les punitions, tu peux le faire de ma personne, à partir de ce jour (1). » Un capitulaire de l'an 803 décide que les en-

(1) Une autre formule est encore plus significative : « Je n'ai pas de quoi m'acquitter de mon obligation, et voici tout ce que je peux faire : mets-moi ton bras sur le cou, et devant ces hommes qui sont témoins,

fants de celui qui est ainsi en gage, restent libres pendant sa servitude.

8. Tous les actes qui modifient la fortune d'un individu sont scrupuleusement surveillés chez les Germains.

Nous avons de nombreuses formules qui montrent un grand luxe de formalités à l'égard des ventes, échanges et donations. Tantôt, c'est un vendeur qui, pour livrer son champ à l'acheteur, lui donne, devant les rachimbourgs, de la terre et de l'herbe, puis se retire du champ, pendant que l'acheteur y entre, une baguette à la main. On dresse un acte de tout cela. Ailleurs, on voit les comtes avec les rachimbourgs qui assistent aux traditions. Quelquefois, le roi lui-même intervient, et d'une manière solennelle : « Ce qui est transféré en notre présence est incommutablement transféré. Un *tel* est venu en notre palais, et avec la baguette il nous a cédé tel champ, à cette condition qu'il en jouirait pendant sa vie, et qu'après sa mort, nous le donnerions à un *tel*. Que cela soit fait ainsi. » La loi des Ripuaires prescrit les ventes et les achats en pleine assemblée, avec l'intervention de sept témoins pour les petites choses, de douze témoins pour les choses importantes; de même pour les donations. La tradition est entourée de plus de formes que la vente et la donation : « On prendra trois, six ou douze témoins, selon l'importance de la chose, et on les mènera au lieu de la tradition avec un nombre égal d'enfants. L'acheteur ou le donataire seront investis de la possession de la chose; le vendeur recevra le prix, le tout en présence des témoins et des enfants, mais en ayant soin de donner aux enfants des soufflets, et de leur tirer les oreilles, afin qu'ils se souviennent et puissent porter plus tard témoignage. »

9. La loi Salique exige ces formalités pour la donation de quotité; « que le dixainier ou le centenier indique une assemblée; qu'il y porte son bouclier, et qu'il appelle trois plaideurs et trois causes; puis qu'on y fasse venir celui à qui on veut donner; et que celui qui veut donner, lui jette une paille dans le sein, en disant ce qu'il veut donner de sa

saisis-moi par les cheveux, et prends possession de ma personne. Jusqu'au jour où je pourrai te payer, je devrai te servir et faire tout ce que toi et tes enfants m'ordonnerez. Si je suis négligent, si je résiste à vos ordres, vous me frapperez comme vos autres esclaves (*talem disciplinam super dorsum meum facietis, quam super ceteros vestros servos*).

fortune, le tout ou la moitié. Celui qui reçoit la paille, devra aller dans la maison du donateur, y demeurer, y traiter trois hôtes, et s'y mettre ouvertement en possession des choses données. Des témoins doivent intervenir dans tous ses actes. Le donataire doit ensuite paraître, dans le délai de douze mois, devant le roi ou dans une assemblée générale, rendre la paille au donateur, et la recevoir de nouveau. La donation n'en sera ni augmentée, ni diminuée. Comme quelqu'un pourra venir contester la légalité de la donation, on aura trois témoins, qui, par serment, pourront affirmer que le dixainier ou le centenier avait convoqué une assemblée; qu'ils étaient à cette assemblée; qu'ils y ont vu jeter et recevoir la paille, proposer et accepter la donation. Trois autres témoins devront affirmer par serment qu'ils ont vu le donataire, dans la maison du donateur, en pleine jouissance de ses biens, donnant des festins à trois et plusieurs hôtes. Trois autres témoins devront affirmer avec serment qu'ils ont vu la donation renouvelée et parfaite devant le roi ou dans l'assemblée générale. Il faut ainsi se procurer neuf témoins. »

10. Comme le fils succédait aux obligations et aux droits du père, dans la dixaine, dans la centurie, et dans la fidélité des Puissants, il était d'un intérêt commun que ce fût le fils qui succédât aux biens du père. Les filles ne comptaient pas dans ces rapports d'union personnelle; elles passaient dans d'autres familles en se mariant. Elles étaient toujours sous la garde d'un homme.

Cela nous explique les lois des Germains sur les successions, et leur soin à conserver les biens dans les familles.

Ce soin est d'abord en partie le motif des formalités auxquelles nous venons de voir l'aliénation soumise. Il produit, en outre, les difficultés dont on gênait les secondes noces des veuves. Mais son effet le plus important est la prohibition des testaments, et l'exclusion des filles dans l'hérédité de la plupart des biens de leurs parents.

Tacite nous l'atteste : *heredes successoresque sui cuique liberi; nullum testamentum.*

Quand les pères de famille romains n'avaient pas encore la libre faculté de tester, les testaments se faisaient à Rome comme des lois, en pleins comices, par la volonté du peuple. Plus tard, les pères de famille romains se servirent d'une mancipation fictive, l'acheteur étant l'héritier.

C'est ainsi que chez les Francs, les testaments étant inconnus, nous les avons vus remplacés par les formalités de l'*adframire* ou *affatomie*, la donation de quotité faite entre-vifs.

Les testaments qui se rencontrent dans les lois barbares sont une introduction du droit romain, et ils en portent des caractères évidents.

La loi des Burgundes s'explique ainsi : « Toutes les fois qu'on néglige une coutume antique, il faut la remettre en vigueur. Il est certains barbares qui font donation ou testament de leurs biens, en n'employant que deux ou trois témoins, contrairement aux usages de nos pères ; nous voulons corriger cet abus. Si, dorénavant, un barbare veut tester ou donner, qu'il se conforme à la loi romaine ou à la loi barbare, qu'il emploie les écritures, ou qu'il se fasse assister de cinq témoins ingénus. »

La loi des Saxons est formelle : « Que toutes les traditions et les ventes, faites conformément aux lois, soient stables. Mais qu'il ne soit permis à personne de léguer son bien à quelqu'un (à moins que l'on ne le lègue à l'église ou au roi), et de déshériter ainsi son héritier. Si quelqu'un est pressé par le besoin, il pourra céder tous ses esclaves, afin de se faire nourrir. » Et ailleurs : « Si un homme libre, sous la tutelle d'un noble, est exilé, et que le besoin le force à vendre son héritage, qu'il l'offre d'abord à son plus proche parent. Si celui-ci ne veut pas l'acheter, qu'il l'offre au noble, son tuteur, ou à celui qui est placé par le roi comme gardien de ses biens. Si ceux-ci ne veulent pas l'acheter, il pourra le vendre à qui il voudra. » Ainsi, selon la loi des Saxons, l'intérêt de la conservation des biens dans la famille va jusqu'à restreindre la libre disposition du droit de propriété.

Les lois successorales, malgré quelques différences, s'accordent chez les Germains pour exclure les filles des biens propres et des biens fonciers de leurs parents.

« L'hérédité d'un homme mort, dit la loi Salique, appartiendra 1° à ses enfants ; 2° à ses père et mère ; 3° à ses frères et sœurs ; 4° à ses tantes paternelles et maternelles ; 5° puis aux plus proches parents du côté paternel. Mais aucune partie de la terre salique ne pourra appartenir aux femmes ; qu'elle soit dévolue en entier aux parents mâles. »

La loi des Ripuaires dispose de même, en mettant *terra aviatica* à la place de *terra salica*.

La loi des Burgundes dispose que l'hérédité d'un homme échoit à ses fils ; à leur défaut, à ses filles.

La loi des Angles et des Wérins dispose que le fils succédera au père ; qu'à son défaut la fille prendra les esclaves et l'argent, et qu'elle laissera au plus proche parent mâle du côté paternel, la terre, les immeubles.....; qu'après le cinquième degré de génération paternelle, l'hérédité peut tomber de lance en quenouille.

La loi des Saxons dispose que le fils et non la fille succède au père.

La loi des Allemands dispose que les filles ne succéderont qu'à défaut des fils.

La loi des Wisigoths et celle des Lombards s'éloignent des autres lois barbares.

Loi des Wisigoths : « Un père ou une mère étant mort, sans testament, que les fils et les filles succèdent également. »

Loi des Lombards : « Si des fils et des filles, légitimes et naturelles, concourent à la succession de leur père, que les fils légitimes prennent deux parts, à cause de leur mundium sur les filles, et que les fils naturels prennent la troisième part. »

11. La procédure des Barbares est très-simple : ils n'ont pas l'institution d'une justice publique; et ils sont tous juges. Ils ont pour lois des coutumes écrites dans leurs cœurs ; et ils ne connaissent pas l'art d'interpréter la volonté législative, et de débrouiller les textes. Ils sont nouveau-nés à la vie commune, et les faits qu'ils avancent en justice, ils les prouvent, tout simplement, par une affirmation plus ou moins solennelle.

La première cour de justice, si l'on peut s'exprimer ainsi, était chez les Barbares l'assemblée générale du peuple; là, tout le peuple y jugeait.

Les autres cours étaient celle du roi, celle du comte, celle du centenier, celle du dixainier. Jamais nous ne voyons dans les lois et les formules des Barbares, que le roi, le comte, le centenier ou le dixainier jugeassent seuls. Ils sont toujours assistés d'un certain nombre d'hommes libres.

Le Roi juge au milieu des évêques (*domini episcopi*, *patres*), des nobles (*nostri optimates*), d'une foule de fonctionnaires (*referendarii*, *seneschali*, *cubilarii*, *domestici*, *comes palatii*), et d'un aussi grand nombre que possible de fidèles (*et reliqui quàm plures nostri fideles*). Et le roi ne juge ainsi que les causes qui intéressent les assistants.

Le Comte (*comes, gravio, grafio, graphio*), juge au milieu des Rachimbourgs, d'un aussi grand nombre que possible d'hommes libres.

Il en est de même des centeniers et des dixainiers (*centenarii et tungini, vel decani*), qui, dans leurs petites assemblées, élèvent en l'air leur bouclier, et convoquent les hommes libres.

Ces hommes qui assistent les comtes et les centeniers, et que l'on appelle tour à tour les *rachimbourgs*, les *boni homines*, n'étaient que les hommes libres et considérables par leurs biens (1).

Comme ces hommes libres ne se souciaient pas toujours de se déranger pour venir à l'assemblée et juger les affaires des autres ; comme d'ailleurs ils n'avaient pas tous la sagesse et l'habileté requises à des juges, quels qu'ils soient, les Comtes commencèrent par appeler auprès d'eux quelques-uns des plus habiles : ils firent un choix. Ce furent là les *Sagibarones* (2) et les *Scabins*. « *Comes*, dit la loi des Bavarois, *comes secum habeat judicem et librum legis*.» La négligence d'aller aux plaids augmentant, on fut obligé d'instituer des juges; on les appela alors exclusivement Scabins; et les jugements se firent ainsi : le Comte et les Scabins examinaient, décidaient : le Comte lisait la sentence, et les hommes libres présents la signaient.

12. Les preuves employées en justice étaient le serment, le témoignage des tiers, la *co-juratio* et les ordalies.

Les Barbares n'avaient pas l'usage des procureurs : ils pensaient que chacun devait paraître lui-même en justice, et oser affirmer ou nier de sa propre bouche (3).

Le serment se prêtait dans l'assemblée du juge, mais d'une manière plus solennelle dans une église, la main sur l'autel,

---

(1) Le mot rachimbourg est composé, selon les auteurs, de deux mots: *rech*, *chose*, *richesse* et *bergen*, *servare*, *habere* : *riehe homme*, *ricos hombres*, *boni homines*. On dit aussi qu'il dérive de *rekenem bürge*, c'est-à-dire *spondere lites*; de *rache*, *racha*, *recht* et *bergen*, c'est-à-dire *servare*, *habere causas judiciarias*.

(2) Sag-baro, saæ-baro, sachi-baro, sagi-baro (*id est causæ vir*), prud'homme.

(3) On voit dans une formule de Marculphe un plaideur qui demande au roi la faveur de se faire représenter en justice, liv. I, chap. 21.

sur des reliques, sur l'évangile. Le plaideur proposait le serment à son adversaire en lui présentant une paille. Si celui-ci prenait la paille et acceptait le serment, on s'ajournait pour la prestation publiquement faite dans l'église. La loi des Bavarois parle ainsi : « Qu'on ne permette pas facilement le serment ; que le juge examine d'abord la cause, et tâche d'y découvrir la vérité. Qu'on ne permette le serment que dans les causes où la vérité est impénétrable. »

Les parjures, selon la plupart des lois barbares, devaient avoir la main coupée : ils pouvaient racheter leur main ; et selon la loi des Angles, le prix d'un tel rachat était de la moitié du prix auquel était estimée la vie de l'homme parjure.

Les témoins, qui assistaient les parties en justice, devaient être pris dans le voisinage de ceux qui les faisaient paraître. Ils devaient être ingénus, honnêtes, non souillés de parjure ou d'une condamnation infamante. Ils juraient de dire la vérité. Les lois barbares leur prescrivent de venir jurer à jeun.

Mais une institution particulière à des peuples qui ont l'usage des unions personnelles, c'est l'institution des *cojuratores*. On trouve à tout moment dans les lois barbares, la mention de faits ainsi prouvés par le dire de plusieurs, qui viennent affirmer avec serment qu'ils *croient qu'un tel a dit vrai, qu'un tel n'est point coupable*. C'est ce que les lois barbares appellent *jurare cum manu tertiâ, septimâ, duodecimâ*. Leur nombre variait excessivement selon l'importance des personnes et la gravité des accusations.

Les co-jureurs devaient être dignes de foi : ils devaient connaître la vie de l'accusé, et pour cela on les choisissait dans la contrée qu'il habitait. Ils devaient vivre sous la même loi que l'accusé. L'accusateur pouvait en indiquer un certain nombre ; mais l'accusé pouvait récuser ceux de l'accusateur; quelquefois sans alléguer aucune raison.

Qu'on fasse attention à ces co-jureurs choisis dans la contrée des parties, soumis aux récusations, ne s'immisçant jamais dans l'examen des lois, en quelque sorte juges du fait, affirmant leur conviction sans la motiver : on leur reconnaîtra les caractères essentiels de ces jurés, qui, plus tard, ont illustré la procédure criminelle de l'Angleterre.

Les autres manières de se purger d'une accusation étaient le duel et les épreuves par le fer, l'eau, la croix (1).

---

(1) On appelait *purgatio canonica* la preuve par le serment et la conju-

La vérité étant souvent impénétrable ; les parjures, faciles et fréquents, les hommes d'alors, dans leur bonne foi ignorante, firent un appel à la justice divine.

Des détails sur les ordalies sont curieux. Ils disent les mœurs, les habitudes, les croyances ; mais étrangers, aux notions du droit, nous devons les passer.

V. Si nous résumons tout ce que nous venons de dire, il faut constater que l'invasion des Germains a apporté dans les Gaules un peuple, une matière de civilisation ; des esprits neufs pour concevoir les idées nouvelles, des cœurs simples, pour s'en vivifier, des bras forts pour les réaliser. Il vient un moment dans les sociétés vieillies, où la conviction n'a plus de prise sur le cœur de l'homme. La rhétorique paraphrase harmonieusement des idées : personne ne peut en recevoir assez de force pour agir conformément à leur inspiration. Alors, qu'importe une nouvelle croyance, les théories des philosophes, les conclusions des politiques, les leçons de l'expérience ? Une faiblesse générale tient les hommes éloignés du bien entrevu, et les fait pourrir dans le mal accoutumé. Si l'on laissait à elles-mêmes ces sociétés ainsi déchues, la barbarie leur reviendrait par la corruption. Or, le monde romain en était tombé là, et la jeune Germanie est venue à temps pour recevoir la lumière du Christ, et l'expérience de la longue et savante civilisation romaine.

Dans les Gaules, ce qui restait de Rome n'a point disparu ; ni sa religion nouvelle, ni sa langue, ni ses lois, ni le spectacle édifiant de son organisation civile. Loin de là, les vainqueurs ont adopté la religion nouvelle et la langue latine, et se sont inspirés des lois et de l'organisation civile de Rome, pour composer les lois et l'organisation nouvelle.

Si l'on fait abstraction des malheurs inséparables d'une vaste conquête, on peut dire que la Gaule-romaine a gagné en changeant de maîtres. Le nord des Gaules était livré depuis un siècle aux désordres, aux révoltes, aux irruptions continuelles ; les empereurs l'avaient abandonné à ses mal-

---

ration. L'Eglise s'était opposée à son établissement ; mais elle l'avait par la suite authentiquement approuvée. La *purgatio vulgaris* était la preuve par les duels, le feu, l'eau. Le peuple (vulgus) l'avait en quelque sorte imposée aux rois, à l'Eglise. Rien n'est touchant et solennel comme les prières et les cérémonies dont l'Eglise accompagne ces épreuves réprouvées par elle.

heurs ; et il ne conservait presque plus aucune trace de la civilisation romaine. Le midi de la Gaule, toute la partie comprise entre la Loire, les Pyrénées et les Alpes avait conservé la civilisation romaine dans l'état misérable des derniers temps de l'empire. Les Germains et les Goths, en envahissant les Gaules, et en s'emparant d'une partie des terres, ont mis un terme aux invasions, et laissé aux Gallo-romains du nord leurs lois, aux Gallo-romains du midi, leurs lois et leur organisation municipale. Les Individus Gallo-romains de ces temps furent profondément misérables ; mais la civilisation romaine, répandue dans les Gaules, subsista dans tout ce qui lui restait de supériorité et de force.

Tous les Gallo-romains, dont le nombre était pour le moins égal à celui des vainqueurs, tous les hommes de l'église pratiquèrent la loi romaine. Les Wisigoths, les Burgundes, les Lombards l'ont résumée dans des codes particuliers ; et nous la voyons exercer, dès les premiers jours de la conquête, une notable influence sur les lois barbares. Cette influence fut si forte et si rapide, que, selon plusieurs auteurs, elle faillit nuire aux nouveaux établissements. La race Mérovingienne en est morte, et l'exaltation de la race de Pépin et de Charlemagne a été comme un renouvellement nécessaire de la conquête de Clovis.

DEUXIÈME PARTIE.

FORMATION.

SECTION PREMIÈRE.

SOMMAIRE.

I. Efforts de la royauté pour constituer une société régulière. — II. Impuissance de ces efforts. Établissement de la féodalité dans le Nord (1). Conservation de la liberté dans le Midi (2). — III. Efforts de l'église pour constituer une société régulière. De l'état civil (1). De la juridiction ecclésiastique, étendue des clercs sur les laïcs par sept moyens (2). Des inventions et de la supériorité de la juridiction ecclésiastique. De son défaut (3). Elle fut plus tard le modèle de la juridiction royale (4). — IV. De l'établissement des communes. — V. De l'élévation du pouvoir royal. — VI. De l'origine des coutumes. — VII. De la distinction du pays de droit écrit et du pays coutumier. — VIII. De la territorialité des coutumes. — IX. De la preuve des coutumes anciennes, par réponses authentiques des bourgeois (1), par enquestes par tourbes (2). Combien de personnes devaient composer une tourbe (3). — X. Rédaction des coutumes, partielle d'abord (1), puis générale et officielle (2).

I. Il ne faut pas que les quelques institutions que nous venons de parcourir donnent au lecteur l'illusion d'un ordre politique et civil chez les Germains.

Une preuve évidente de l'indépendance anarchique dans laquelle les Germains vivaient, ce sont les efforts des Rois et de l'Église pour créer une société régulière.

Les Rois mirent sous leur protection immédiate tous ceux qui étaient sans protection, les pauvres, les enfants abandonnés (1).

---

(1) Les effets de cette protection immédiate consistaient en ceci : que le roi poursuivait en son nom propre la vengeance des injures faites à ses protégés : le whergeld qui résultait de cette poursuite était payé au roi. Si les protégés mouraient sans héritiers légitimes, en ligne descendante, leurs biens appartenaient au roi : les protégés ne pouvaient ni tester, ni aliéner leurs biens sans la permission du roi. Puisque, malgré toutes ces charges, une telle protection était un bienfait, qu'on juge de la gravité des malheurs publics et privés qui la rendaient ainsi nécessaire.

Ils augmentèrent leur protection sur les autres (1).

Ils nommèrent eux-mêmes les ducs, les comtes, les juges, tous les fonctionnaires civils et militaires.

Par l'institution des *missi dominici*, ils se firent présents en tous les lieux de leur empire.

Ils débarrassèrent les assemblées publiques d'une foule ignorante et inutile, et renfermèrent l'examen des affaires dans un comité des hommes les plus puissants et les plus éclairés, les évêques et les seigneurs.

Ils réformèrent les coutumes barbares, et portèrent plusieurs lois d'un intérêt public et privé.

L'Église s'adjoignit aux efforts des Rois, et travailla avec eux à la constitution d'un ordre civil et politique.

Deux espèces de monuments nous restent, qui témoignent de ces efforts et de l'unanimité des Évêques et des Rois.

Dans les Formules on voit, dans un langage plein de tristesse et de charité, comment l'Église s'est efforcée de substituer le droit romain et de pieuses pratiques aux coutumes barbares.

Dans les Capitulaires, c'est une lutte toute vivante des Rois et des Évêques contre l'anarchie des Germains et leurs habitudes encore sauvages.

II. Cependant, les Rois furent impuissants dans leurs efforts : l'anarchie originelle des Germains l'emporta sur quelques souvenirs de Rome et des règles d'une piété mystique. Comme les Rois ne pouvaient s'attacher leurs fonctionnaires civils et militaires que par des concessions de terres et d'immunités, qui diminuaient leur pouvoir, ils se trouvèrent bientôt incapables de contraindre ceux-ci à une soumission fidèle.

1. Les hommes puissants qui occupaient les bénéfices et les emplois publics, prirent l'habitude de perpétuer les uns et les autres dans leur famille, comme une propriété, et ils se cantonnèrent partout souverains indépendants.

Alors, restreints dans les limites du territoire qu'ils possédaient, les Rois se trouvèrent entourés de rivaux aussi puissants qu'eux. Les hommes libres, abandonnés dans cette république de seigneurs, et ne pouvant se protéger

(1) Par l'extension du *fredum* et l'attention à le percevoir.

eux-mêmes, se soumirent en foule aux puissants immédiats sous lesquels ils se trouvaient (1), achetant la vie au prix de la servitude, un protecteur au prix d'un maître. Alors il n'y eut plus ni Francs, ni Burgundes, ni Romains, mais des maîtres sous lesquels s'abritaient, soumis et tremblants, les hommes demeurant sur la terre de chacun d'eux.

Il n'y eut plus d'assemblée générale de la nation, plus de ducs, de comtes, de scabins, de *missi dominici ;* les seigneurs rendaient la justice sur leurs terres, et menaient tout au gré du pacte inégal que la force protectrice avait dicté à la faiblesse soumise.

C'est dans ce grand changement de la constitution civile et politique des hommes et des choses, que durent disparaître toutes les lois barbares, laissant à peine des souvenirs, quelques préceptes, quelques habitudes, quelques instincts, modifiés et non détruits.

2. Cela se passait ainsi dans le nord de la France ; car, le midi avait conservé son indépendance, et avec elle tous les restes de son organisation romaine, ses municipes, ses lois, son commerce actif, sa culture intellectuelle. La féodalité s'y est établie, mais sans y prévaloir contre la liberté communale.

Cette différence, entre le nord et le midi de la France, s'est exprimée par la suite d'une manière très-significative, par l'établissement de deux maximes contraires : dans le Nord, où l'esclavage était la règle, et la liberté l'exception. « *Nulle terre sans seigneur.* » Dans le Midi, au contraire, où l'esclavage était l'exception, et la liberté la règle : « *Nul seigneur sans titre.* »

III. Nous ne devons pas omettre que si la royauté fut vaincue dans son effort pour la constitution d'un ordre politique et civil, l'Église fut plus sage et plus habile. Elle commença la constitution civile et politique par son véritable fondement, la régénération de l'individu, la pureté dans la famille, la

(1) Cette soumission s'appelait une *recommandation* : l'homme libre donnait sa personne et ses biens à un seigneur, et il reprenait sa personne à titre de vassal, ses biens à titre de possession précaire. La qualité de vassal emportait des services personnels ; la possession précaire était un usufruit, à la charge de redevances, inaliénable et souvent viager. Mais le fils obtenait de continuer la servitude et l'usufruit du père.

soumission des âmes aux vérités qui élèvent, aux devoirs qui affranchissent.

Tous les hommes du peuple furent esclaves; mais cet esclavage, qui, dans le monde ancien, laissait une flétrissure si profonde dans la vertu de l'esclave et de sa descendance affranchie, grâce à l'église chrétienne, fut une croix que les hommes du peuple portèrent, pour mériter la suprême perfection!

Mais l'Église, en outre, réalisa temporairement un ordre civil dans la société féodale.

1. Elle donna une existence civile aux individus; car, baptisant, mariant et ensevelissant, elle ajouta à ses cérémonies religieuses des actes écrits qui témoignèrent des naissances, des mariages, des décès, de tous ces événements qui font et défont les citoyens, modifient leur condition, donnent ouverture à leurs droits.

2. Elle créa une justice régulière; car, ayant sur les clercs une juridiction ecclésiastique, elle la rendit générale pour eux, et y soumit de plusieurs façons les laïcs eux-mêmes.

a. — Comme les terres consacrées à Dieu ou aux saints sortaient de la puissance séculière, ceux des criminels, qui, poursuivis par la justice humaine, venaient s'y réfugier, y demeuraient sous l'abri de la miséricorde divine.

b. — Comme les crimes sont avant tout des péchés contre Dieu, ceux qui venaient les confesser à l'Église, et se soumettre aux pénitences qu'elle imposait, échappaient de même aux vengeances de la justice humaine.

C'est ainsi que l'Église, ne pouvant adoucir assez tôt la justice humaine, lui dérobait au hasard le plus grand nombre de victimes (1).

---

(1) Dans l'antiquité le *droit d'asile* avait lieu, mais il consistait seulement en une défense aux exécuteurs de la justice d'entrer dans les lieux sacrés ou saints. Dans le moyen âge le *droit d'asile* consistait en une immunité permanente, qui enlevait pour toujours à la justice humaine les criminels qui se réfugiaient dans les lieux sacrés. On pouvait les rendre aux tribunaux laïcs; ils subissaient le jugement, mais ils ne supportaient pas la condamnation, s'ils avaient accepté les pénitences infligées par l'Église. Il existe dans les formules de Marculphe un acte intitulé, *carta tractatoria*, par laquelle un criminel, qui en est muni, obéit à quelque pèlerinage ordonné par l'évêque, et reçoit sur son passage l'hospitalité de tous les monastères et même de tous les chrétiens. Le *droit d'asile* est restreint dans les capitulaires. Il fut supprimé par l'édit de 1539. Avant la révolution, on voyait

c. — L'Église intervenait dans les Ordalies, ou épreuves par le feu, l'eau bouillante, etc., et mêlait de graves enseignements à des pratiques qu'elle réprouvait, mais qu'elle ne pouvait empêcher.

d. — Comme l'Église assistait aux naissances, aux mariages, aux décès, et qu'elle en tenait actes, elle prit la connaissance de toutes les contestations civiles, relatives à des questions d'état, de conventions matrimoniales, d'ouverture des successions, d'effets de testaments et de donation à cause de mort.

e. — Comme l'église intervenait dans la plupart des affranchissements, elle se porta la patrone des affranchis, et connut de la plupart des questions relatives à leur état.

f. — Comme les conventions, ventes et traditions se prouvaient souvent par un serment prêté sur les reliques, etc., l'Église attira à elle des questions relatives à des conventions, à des ventes, à des traditions.

g. — Plus tard, l'Église assimila aux clercs un grand nombre de laïcs qui se dévouaient à des œuvres religieuses, comme, par exemple, ceux qui se *croisaient* pour la défense de la foi (1).

3. C'est ainsi que l'Église institua une justice régulière, qui protégea les individus, consolida la famille et les bonnes mœurs. Elle appliqua le droit romain et les décrétales, mit la discussion logique à la place des combats singuliers, et conserva ainsi le dépôt de la science juridique. C'est elle qui in-

---

encore dans des églises des bancs en pierre près du grand autel, sur lesquels les réfugiés se tenaient assis, et extérieurement sur les murs des églises, des chaînes et des anneaux en fer, auxquels les coupables menés aux tortures, à l'échafaud, essayaient de s'attacher en passant : ils criaient *asile*, *asile!* et les soldats ne pouvaient plus les toucher.

(1) « Il suffisait d'être clerc pour être son justiciable ; et pour être clerc il n'était pas nécessaire d'entrer dans les ordres sacrés, ou même dans les ordres *mineurs*, de renoncer au mariage et aux habitudes de la vie commune, il suffisait d'être *tonsuré* : la tonsure imprimait le sceau sacré de la juridiction cléricale. Dans toutes les classes on se faisait tonsurer ; il y avait des cabaretiers *clercs*, des bouchers clercs. L'église étendit le privilége personnel de la cléricature aux veuves, aux orphelins, aux pauvres, aux pèlerins. Au nombre même des moyens d'encouragement aux croisades se trouve le droit pour les *croisés* de n'être soumis qu'aux tribunaux ecclésiastiques ; enfin, le privilége s'étendait jusqu'aux *lépreux...* » (*Hist. du Droit français de M. Laferrière*, tom. 1, liv. 4.)

venta les dépens civils, et garantit ainsi le bon droit contre les tracasseries d'une chicane cupide et aveugle. Charitable, elle épargna le sang des coupables, et ne frappa jamais que leurs biens et leur liberté.

Malheureusement, la justice ecclésiastique ne disposait, pour contraindre à l'exécution des jugements, que d'une arme spirituelle, l'excommunication à des degrés différents : les gens d'armes des seigneurs ou du roi l'aidaient dans ses exécutions. Aussi, malgré sa sagesse, son incontestable supériorité, elle devait un jour tomber devant le premier refus des seigneurs ou du roi, de lui prêter le secours de leur force militaire (1).

4. Cependant ce que l'Église avait institué ne fut pas perdu pour la civilisation de la France : la royauté prit plus tard pour modèle la justice des tribunaux ecclésiastiques, et la transporta tout entière dans les tribunaux royaux.

Si les limites de notre sujet nous le permettaient, nous examinerions quel était le droit français dans cette époque féodale et ecclésiastique : il nous en reste de précieux documents dans l'ancien droit canonique, dans les établissements des Français en Palestine, en Angleterre, en Sicile.

Mais il nous faut arriver à nos coutumes écrites, et d'abord constater deux grands événements qui ont changé en France la condition des choses et des personnes, l'affranchissement des communes et l'élévation du pouvoir royal.

IV. Entre le Xe et le XIIe siècle, une grande révolution, commencée en Italie, parcourut toute l'Europe : ce fut le soulèvement des habitants des villes, des industriels, des commerçants, des propriétaires libres et non nobles.

La plupart des villes se gouvernèrent elles-mêmes par des

(1) En 1225, en 1235, en 1246, les seigneurs se liguèrent contre la juridiction ecclésiastique. Quelques années après, saint Louis étant de retour des croisades, les évêques tinrent une assemblée générale, dans laquelle Guy, évêque d'Auxerre, dit à saint Louis : « Sire, tous ces seigneurs, qui ici sont archevêques et évêques, m'ont dit que je vous dise que la chrétienté se périt et fond entre vos mains. » Le roi se signa et dit : « Or, me dites comment çà est. » Les évêques lui apprirent que les seigneurs refusaient d'exécuter les jugements des tribunaux ecclésiastiques, et que les gens d'armes du roi en faisaient autant. Saint Louis répondit qu'il ferait exécuter ces sentences, s'il pouvait examiner quand elles étaient *droiturières* ou non. Les évêques refusèrent de faire le roi juge d'appel de leurs sentences, et la lutte commença.

officiers élus par elles. Elles eurent l'administration et la justice indépendantes, et ce qu'il fallait pour conserver cette indépendance, le droit d'avoir une milice, des murailles fortifiées et d'appeler aux armes.

Beaucoup de paysans, attachés à la glèbe, se sauvèrent dans les villes; d'autres reçurent ou achetèrent le droit de commune. Enfin, les rois affranchirent en particulier chacun des serfs de leurs terres, moyennant finance; et plusieurs seigneurs imitèrent les rois, faisant de liberté argent.

C'est ainsi que se créa une classe nombreuse de vilains et de roturiers, le tiers-état; une condition de liberté nouvelle.

L'effet de ce changement fut l'affaiblissement du pouvoir des seigneurs féodaux; et le pouvoir royal put renaître.

V. En 987, après la mort de Louis V, le dernier des Carlovingiens, un des sept pairs (qui étaient les ducs de France, de Bourgogne, de Guienne ou d'Aquitaine, et de Normandie, les comtes de Toulouse, de Champagne, et de Flandres), Hugues Capet, duc et pair de France, comte de Paris et d'Orléans, se mit à la place de Charles de Lorraine, fils de Louis IV d'Outre-Mer, et prit en main le titre honorifique de roi.

Impuissant d'abord, le pouvoir royal attendit pour se montrer que les seigneurs, ses rivaux, fussent affaiblis. Il aida à l'insurrection des communes, et comme celles-ci avaient contre leurs ennemis le même intérêt que le roi, il y eut longtemps une lutte unanime.

De grands rois se succédèrent, qui surent noblement et habilement fonder l'honneur, l'indépendance et la suprématie incontestable de la couronne.

Les seigneurs furent réprimés, les bourgeois, élevés; le commerce, l'industrie, les sciences et les arts, qui faisaient la force des bourgeois, protégés et encouragés; et pendant qu'à l'aide d'institutions régulières, on travaillait à la bonne administration du royaume, nos diverses provinces, valeureusement défendues contre l'étranger, soigneusement réunies, se lièrent en un seul pays, la France moderne.

VI. C'est au milieu de cette féodalité, ainsi à moitié détruite, dans cette société bourgeoise à moitié triomphante, sous l'influence de la législation ecclésiastique, et de l'action du pouvoir royal, que les coutumes des peuples divers, qui occupaient le territoire de la France, se transformèrent et se combinèrent en des coutumes nouvelles, qui rappellent, dans leur essence primitive, l'esprit des lois barbares ; dans leurs institutions, la féodalité; dans leurs modifications, l'influence de la jurisprudence canonique, du droit romain et de l'ordre naissant d'une société nouvelle.

Il n'entre pas dans notre sujet de discuter ici les hypothèses des divers auteurs sur l'origine des coutumes ; si elles furent données par les seigneurs à leurs hommes affranchis ; si elles viennent exclusivement du droit gaulois, ou du droit barbare; si elles sont le pur résultat de la féodalité (1).

VII. Du temps de César, on distinguait dans les Gaules la province romaine du reste des Gaules.

Pendant toute la domination romaine, on disait, pour désigner la totalité des Gaules : *les Cinq provinces*, et *les Gaules*. En 418, dans l'édit d'Honorius, nous avons vu mentionner les *Sept provinces* et les *Gaules*.

Les Goths laissèrent aux provinces méridonales de la France l'usage de leurs lois romaines..

En 864, Charles le Chauve, dans son édit de Pistes, promettait de garder sa loi à chaque pays de l'empire : le droit romain au midi de la France, les lois germaniques au nord de la France.

Pendant les premiers temps de la monarchie française, le Midi forma des états indépendants.

La féodalité s'y est établie, mais n'a pu y prévaloir.

Dans le quatorzième siècle, Philippe IV, dit le Bel, par son ordonnance de juillet 1302, qui institue une école de droit civil et canon à Orléans, s'exprime ainsi : « En dehors des matières de la foi, notre royaume est régi par la coutume, bien plus que par le droit écrit, quoiqu'en plusieurs parties nos sujets se servent, d'après la permission de nos ancêtres et la nôtre, du droit écrit ; mais là même, c'est comme coutume que le droit écrit est laissé en pratique. »

A l'époque où nous arrivons, cette différence entre le midi et le nord de la France se marque, ainsi qu'on le voit déjà dans l'ordonnance de Philippe le Bel, par la conservation du

---

(1) Voir, à cet égard, la *Bibliothèque des Coutumes*. — Les *Recherches historiques sur l'origine du Droit français*, par Grosley ; Montesquieu, *Esprit des lois*; M. Laferrière, *Histoire du Droit français*, etc.

droit romain dans le Midi, par le développement des coutumes dans le Nord.

Là où le droit romain fut conservé, quelques coutumes s'établirent pour régler les rapports de la tenure féodale, inconnue au droit romain; mais ce fut là un droit supplétif, auxiliaire et spécial.

2° Il serait trop long d'énumérer les provinces et localités soumises au droit romain, et celles soumises au droit coutumier. Nous renvoyons le lecteur au beau travail que Henri Klimrath a fait dans la *Revue de Législation* (1), en nous bornant à désigner la ligne qui sépare les pays de droit écrit des pays de droit coutumier.

Que l'on prenne une carte de la France ancienne, et qu'en partant, à l'Ouest, de l'île d'Oleron, du haut de la Saintonge, on suive cette ligne brisée qui sépare la Saintonge de l'Aunis, du Poitou, du Langoumois; le Limousin et la Basse-Manche, du Berry et de la Haute-Manche; la Haute-Auvergne, le Vélay, le Forez et le Beaujolais, de la Basse-Auvergne et du Bourbonnais; le Mâconnais, de la Bourgogne; la Bresse, de la Franche-Comté. Tous les pays que l'on rencontre en allant de cette ligne vers le Sud-Ouest, Sud et Sud-Est, étaient du droit écrit; ceux que l'on rencontre en allant de cette ligne vers le Nord-Ouest, Nord et Nord-Est, étaient de droit coutumier.

Il faut ajouter aux pays de droit écrit ceux qui dépendaient des conseils supérieurs de Perpignan, de Colmar et de Bastia, c'est-à-dire le Roussillon (aujourd'hui les Pyrénées-Orientales), l'Alsace (aujourd'hui le Haut-Rhin et le Bas-Rhin), et la Corse: il faut enfin comprendre dans les mêmes pays le comtat d'Avignon, qui forme aujourd'hui un peu plus du département de Vaucluse.

On voit ainsi, que les pays de droit écrit composaient un peu plus du tiers de la France, à peu près la moitié.

Le droit romain, pratiqué en France, avait été tour-à-tour

(1) On a fait de ce travail, doublement cher aux amis de la science, et par sa perfection et par la mort, à jamais regrettable, qui l'a laissé interrompu, un petit volume séparé. Nous profitons de cette occasion pour recommander, le plus vivement possible, la *Revue de Législation et de Jurisprudence*, qui renferme, sans contredit, sur l'histoire du droit français les fragments les plus précieux qui aient été publiés en France, dans ces derniers temps.

le droit civil de Rome elle-même, celui du Code de Théodose, celui du Code de Justinien. Le Bréviaire d'Alaric formé des fragments mutilés des meilleurs jurisconsultes de Rome, puis, avec la décadence des lettres, un abrégé de ce Bréviaire, connu sous le nom de *Scintilla*, avait remplacé les textes originaux ; mais au onzième siècle, le droit romain ayant été étudié avec ardeur en Italie, les Novelles, le Code de Justinien, les Institutes et le Digeste, multipliés par des copies, glosés et commentés, se répandirent dans toute l'Europe, et surtout dans les pays qui avaient retenu l'usage de la loi romaine (1).

VIII. Nous avons vu, pendant les Barbares, toutes les lois, personnelles. Nous les trouvons maintenant toutes territoriales. Ce changement ne doit point surprendre. Car, les lois sont personnelles, quand les individus errent et se mêlent, et vont par troupes; elles deviennent nécessairement territoriales, quand les individus s'arrêtent et s'établissent.

D'ailleurs, comme le disait avec raison Philippe-le-Bel dans son Ordonnance de 1302 : « Tout le royaume est régi par la coutume, et c'est comme coutume que quelques-uns de nos sujets se servent du droit écrit. » Or, c'est le propre de toute coutume d'être territoriale, de ne s'établir que par des rapports longtemps communs entre des individus habitant aux mêmes lieux. On ne la peut appliquer que là où elle existe, et quand elle n'est pas écrite, que là où on la peut attester.

De ce que la coutume ne peut s'appliquer que dans un lieu donné, on s'habitue facilement à cette idée, qu'elle doit seule s'y appliquer. Ce n'est qu'avec le temps et le progrès des alliances politiques, et quand les coutumes sont écrites, qu'on peut admettre la distinction entre le statut réel et le statut personnel.

IX. Les coutumes se prouvaient autrefois de deux manières :

---

(1) Il va sans dire que nous n'admettons pas la fable de la découverte, de la réapparition soudaine du droit romain, après la prise d'Amalfi par Lothaire II d'Allemagne, en 1135. Le droit romain ne s'est jamais perdu; il était dans les mœurs de nombreuses populations. On en trouve des mentions dans les historiens des premiers temps ; on le voit tout vivant dans les lois barbares elles-mêmes, dans les capitulaires. Les tribunaux ecclésiastiques n'ont jamais cessé de l'appliquer. Les premières ordon-

1. On proposait la question de droit au *parloir des bourgeois*, c'est-à-dire, au lieu où le prévôt des marchands et les principaux bourgeois s'assemblaient pour les affaires de la ville : et le prévôt des marchands et les principaux bourgeois donnaient leur avis sur la coutume décisive. Chopin a publié plusieurs de ces réponses. On en trouve quelques-unes dans les auteurs anciens, avec les signatures des répondants.

2. Mais on pratiquait encore un moyen plus simple, et qui paraît avoir remplacé le précédent. On convoquait au tribunal plusieurs personnes bien famées, qui témoignaient que telle était ou n'était pas la coutume ; c'est ce qu'on appelait *enqueste par tourbe*.

3. Selon tous les auteurs, un seul témoignage n'était pas suffisant : *voix d'un, voix de nun*. Un précédent isolé ne fondait pas la coutume ; de là encore cet adage, devenu populaire : *une fois n'est pas coutume*. Autrefois, selon Jean Desmares (1), la coutume devait se prouver par dix témoins : « Pour preuver coustume deument, dit-il, il convient que ladite preuve soit faite en tourbe, par dix sages coustumiers, rendans certaine et affirmative cause de leurs dispositions, ou par plus : et si par moins de dix personnes en tourbe la coustume étoit témoignée, cette preuve ne suffirait pas, mais serait nulle de soi. »

Louis XII, par l'article 13 de l'ordonnance de Blois de 1498, établit, ce qui déjà s'introduisait en usage, savoir : « Que une tourbe ne serait comptée que pour un témoin, ès cas où

---

nances de nos rois s'en inspirent, et les établissements de saint Louis le citent souvent et avec exactitude, comme une autorité ancienne, incontestable et supérieure à la volonté même du législateur.

(1) Jean des Mares, ou Desmarets, était conseiller au parlement, en 1372, et avocat-général sous les règnes de Charles V et de Charles VI. Après avoir rendu de grands services à trois rois, à la ville de Paris; après avoir été un savant et noble personnage, il fut injustement condamné à mort par la faction des Armagnacs : sur l'échafaud, on lui proposa sa grâce, à condition qu'il crierait : *Merci au roi!* Mais Jean des Mares répondit qu'il n'avait de merci à demander qu'à Dieu ; que le roi était un enfant, et qu'il pardonnait à ceux qui abusaient de son autorité pour commettre des crimes; et il mourut ainsi à 78 ans, laissant ses bourreaux consternés, et tous les gens de bien remplis d'admiration et de regret. Jean des Mares est un héros dont il faut conserver le souvenir. *Voyez* dans le *Dialogue des Avocats* de *Loisel* le récit de quelques-unes de ses belles et courageuses actions. Il est auteur d'un recueil de *Décisions notoires*, établies par *enquestes* par *tourbes*, de 1300 à 1387.

l'on avait accoustumé d'examiner témoins en tourbe. » Tous les jurisconsultes ayant admis qu'une coutume pouvait se prouver par deux témoins, on exigea deux tourbes, assimilées à deux témoins, pour prouver une coutume; vingt personnes au moins.

4. Dans les premiers temps de la naissance des coutumes, ces enquestes par tourbes devaient être souvent sans résultats; et Pierre Defontaines (1) se plaint que, dans son pays, on pouvait à peine trouver un exemple assuré par l'avis de trois ou quatre personnes.

Mais par la suite, un autre inconvénient se fit sentir, l'ignorance et l'infidélité des témoins convoqués; de là ce sanglant proverbe populaire : « *Fol est qui se met en enqueste; car qui mieux abreuve, mieux preuve.* » C'est à ces abus longtemps répétés, que nos codes doivent la proscription de la preuve testimoniale (2).

X. Une justice coûteuse, toujours incertaine, souvent corrompue, souleva longtemps les plaintes des hommes du tiers-état.

1. Plusieurs provinces rédigèrent leurs coutumes; des praticiens en firent des recueils et des traités (3). Mais les en-

---

(1) Pierre de Fontaines est un grand jurisconsulte qui vivait au temps de saint Louis. Il a travaillé, dit-on, à la première *Pragmatique-Sanction* et aux *Etablissements*. Il est auteur d'un livre très-estimé : *Conseil à un Gentixhons pour le former à rendre la justice.*

(2) En Angleterre, où le droit coutumier n'est pas écrit et se pratique encore, on a évité les inconvénients des *enquêtes par tourbe*, mais à l'aide d'une fiction très-désastreuse. La coutume est telle, parce que les juges l'ont appliquée ainsi : *Les juges n'ont pas pu ne pas connaître la coutume*, etc. Ainsi, en Angleterre, la coutume, c'est la jurisprudence, et elle se trouve ensevelie dans un chaos d'immenses recueils d'arrêts.

(3) Parmi ces recueils, il faut citer la coutume de Beauvoisis, et pour rappeler son véritable titre : *Des Coutumes et Usages de Beauvoisins, selonc ce que il corroit, aux temps que ce livre futz fait, c'est à savoir en l'an de l'incarnation de Notre-Seigneur,* 1283, *par* PHILIPPE DE BEAUMANOIR. Montesquieu appelle l'ouvrage de Beaumanoir un *admirable ouvrage* : il le cite fréquemment. Ducange dit : « Entre les traités qui ont été écrits sur notre ancien droit, le plus curieux est celui de Philippe de Beaumanoir. » La Thaumassière, qui a donné une édition du livre de Beaumanoir, regarde les coutumes recueillies dans cet ouvrage, comme l'origine des coutumes nouvelles. — Beaumanoir était bailli de Clermont en Beauvoisis, sous Robert, comte de Clermont, fils de saint Louis, et bailli de Senlis en 1295.

questes par tourbes n'en continuaient pas moins. Les rois de France voulurent faire fixer les coutumes par écrit ; il y en eut des tentatives sous saint Louis, sous Philippe IV, dit le Bel, sous Jean Ier. Enfin, les plaintes des états augmentant sans cesse, Charles VII profita de la pacification du royaume pour rendre sa grande ordonnance générale de Montils-les-Tours, à la date d'août 1453, dont l'article 125 enjoint la rédaction par écrit de toutes les coutumes de France, et défend aux avocats et aux juges d'alléguer et de laisser alléguer d'autres coutumes que celles qui seront certaines par écrit.

2. Un si grand travail ne reçut pas une prompte exécution. En 1483, les états s'en plaignirent dans leur assemblée à Tours, entre le 15 janvier et le 14 avril de l'année suivante.

Enfin, commandée par Charles VII, préparée et commencée sous Charles VIII, la grande rédaction des coutumes fut achevée entre Louis XII et Henri IV. Arrêtées dans une assemblée locale des représentants des trois ordres de chaque pays, en présence des commissaires du roi ; toutes enquêtes et réclamations préalablement faites et écoutées ; examinées, en second lieu, par le Grand-Conseil du roi, enregistrées par le parlement, les coutumes furent promulguées comme des lois, et défense fut expressément portée d'en alléguer d'autres que celles qui avaient été rédigées.

Il serait trop long d'analyser toutes les institutions coutumières : un tel dessein n'entre point dans les limites de ce précis historique.

Cependant, quelque diverses que soient les coutumes, une certaine unité se remarque dans leurs principes, et il n'est pas impossible de la saisir.

C'est ce que nous allons tenter.

Pour rendre ce résumé le plus profitable, nous rangerons, autant que possible, les principes des coutumes dans l'ordre même du Code civil.

SECTION DEUXIÈME.

SOMMAIRE.

I. Les Personnes. Les Aubains (1). Les Nobles (2). Les Roturiers (3). Les Serfs(4). — II. Les actes de l'état civil. — III. Organisation de la famille. Le mariage (1). Le douaire (2). L'augment de dot (3). La communauté (4). Renonciation à la communauté (5). Réflexion sur le régime de communauté et le mariage, selon les coutumes (6). L'adoption (7). La légitimation (8). — IV. Du pouvoir paternel, marital. De l'émancipation (1). — V. De la garde noble ; de la garde bourgeoise (1). De la tutelle (2). — VI. Les choses. Des fiefs (1). De la saisie féodale (2). Du retrait seigneurial (3). — VII. Des biens en frank'aumône. — VIII. Les censives. — IX. Les alleux. — X. Droit de succession. Distinction des biens (1). Des testaments (2). Quotité disponible (3). Des propres et du retrait lignager (4). De la saisine (5). De la représentation (6). Du rappel (7). De la renonciation des filles (8). De la succession en ligne directe descendante (9). Du droit d'aînesse (10). De la succession en ligne directe ascendante (11). De la succession en ligne collatérale (12). Des successions vacantes (13). — XI. De la possession. — XII. De la prescription.

I. Les personnes sont françaises ou aubaines.

1. Les Aubains deviennent Français par des lettres de naturalité octroyées en chancellerie royale, ou par l'accession de leur pays à la France. Ils sont habiles à tous les actes de la vie civile ; cependant ils ne peuvent ni tester, ni recueillir des legs, ni avoir des héritiers légitimes, ni succéder eux-mêmes. Ils ne sont pas admis au bénéfice de cession : ils ne peuvent demander en justice sans offrir une caution de payer le jugé. Ils ne peuvent non plus occuper des charges publiques, civiles ou ecclésiastiques.

Leur succession est dévolue au fisc, à moins qu'ils ne laissent des descendants légitimes, même aubains, mais nés et demeurant en France.

Dans l'origine, les aubains devenaient serfs des seigneurs sur les terres desquels ils demeuraient. Quand le servage de corps fut généralement aboli, ils restèrent libres en se plaçant sous l'*Avouerie* ou protection du roi. Mais de leur ancienne servitude on conserva la dévolution de leurs biens au fisc. Les seigneurs, comme hauts, moyens et bas justiciers sur leurs fiefs, s'emparaient autrefois de ces biens. Mais plus tard le roi prétendit exclusivement au droit d'aubaine ; il l'emporta. Cependant les coutumes rédigées nous présentent encore plusieurs seigneurs en possession du droit d'aubaine.

Le droit d'aubaine n'avait jamais pu s'établir dans les pays de droit écrit, où le servage fut toujours une exception. Le fisc royal voulut l'y pratiquer. Mais en faveur du commerce, Louis XI en affranchit tout le Languedoc.

Les foires de Champagne, celles de Lyon, les villes de Bordeaux, Marseille, Dunkerque, en général tous les commerçants allant et venant dans le royaume, furent exempts du droit d'aubaine, du moins pour les meubles. Les Écossais, les Suisses de la garde royale, tous les étrangers à la solde du roi, dans les armées de terre et de mer, les ouvriers des manufactures royales, les ouvriers employés au défrichement des marais, à l'exploitation des mines, étaient exempts du droit d'aubaine. Enfin, de nombreux traités intervenus entre les états divers de l'Europe, de l'Asie, de l'Afrique et de l'Amérique, abolirent le droit d'aubaine à l'égard du plus grand nombre des étrangers.

Il y avait autrefois un aubainage particulier qui était usité entre les châtellenies, dans le rayon ordinairement du Diocèse ou du Crême, sur tous ceux qui venaient y demeurer un an et un jour, sans faire aveu au seigneur du lieu. S'ils mouraient après cette résidence, et avant cet aveu, le seigneur avait sur la succession du défunt un droit à une bourse neuve avec quatre deniers dedans, payables vingt-quatre heures après l'inhumation, sous peine d'une amende de soixante deniers. Quelques coutumes ajoutent à ces quatre deniers une livre de cire, ou des gants.

Ce droit d'aubainage, ainsi appelé pour le distinguer du droit d'aubaine proprement dit, était un reste de cette servitude de corps qu'encouraient jadis sur certaines terres tous ceux qui y venaient demeurer pendant un an et un jour.

2. Les Français sont nobles ou roturiers.

Les Nobles sont ceux qui descendent de pères ou de mères nobles, ou qui ont été anoblis par le roi, ou qui ont possédé des charges ou des fiefs anoblissants.

Autrefois, le père anoblissait et non la mère : c'est ce qu'exprime clairement cette règle de Loisel : « *Par la plupart des coutumes, c'est la verge qui anoblit.* On appelait cette noblesse de *parage*. Dans les établissements de saint Louis, on lit que, si un homme, qui n'est pas noble par son père, se *fait armer chevalier*, le roi ou le baron de qui il relève pourra le faire prendre, le placer sur du fumier, et là, lui briser ses éperons d'or, injustement usurpés.

Le bâtard avoué retenait la noblesse du père, mais ses armes étaient barrées à gauche. Un édit de 1600 abolit cette noblesse des bâtards avoués.

Cependant, la grande consommation de noblesse qui se faisait aux batailles, laissa s'introduire l'anoblissement par les mères. C'est un droit retenu par les coutumes de Troyes, de Meaux, de Chaumont, de Châlons, de Sens, etc. La Champagne y prétendait comme à un privilége qu'elle avait acquis après la bataille de Fontenay, près d'Auxerre, entre Lothaire et Charles le Chauve, et dans laquelle toute sa noblesse avait péri.

Cet anoblissement par les mères n'a point généralement prévalu. Il a donné droit seulement aux enfants de posséder des fiefs, dans le temps où les nobles seuls pouvaient les posséder. C'est ce qu'atteste Beaumanoir.

Charles V donna une grave atteinte à la noblesse par les mères, en soumettant ces sortes de nobles au droit de franc-fief, à un impôt qui ne pouvait frapper que les roturiers, possesseurs de fiefs nobles.

L'anoblissement le plus usité était celui octroyé par des lettres du roi, enregistrées au parlement. On en trouve l'usage dans la *Somme rurale* de Bouteillier, et dans tous les anciens auteurs.

Quant aux charges et fiefs qui anoblissaient, c'est là un droit douteux, postérieurement établi, et étranger aux coutumes.

Nous ne nous étendrons pas davantage sur ce sujet, car il concerne particulièrement le droit public.

3. Les Roturiers (1) étaient *bourgeois* ou *vilains*. Les hommes du peuple étaient autrefois des serfs. Par l'insurrection des communes ils s'affranchirent ; les uns conquérant, les autres achetant le droit de commune libre. Ceux qui s'enfermèrent dans des villes fortifiées s'appelèrent bourgeois : ceux qui restèrent dans les campagnes s'appelèrent vilains, manants. La condition des Vilains était inférieure, car ils devaient des droits aux seigneurs à l'occasion des héritages qu'ils tenaient d'eux.

Les Bourgeois étaient jadis sous la garde des seigneurs

(1) On fait venir ce mot de *ruptuarii*, *ruptarii*, ou gens occupés à rompre les mottes de terre.

ou du roi, selon qu'ils avaient obtenu le droit de commune des seigneurs ou du roi. Mais avec l'accroissement de la puissance royale, il s'établit que tout bourgeois qui voudrait faire aveu au roi échapperait à la juridiction des seigneurs. Plus tard, encore, on supprima cette option, et tout bourgeois se trouva placé de droit sous l'avouerie royale. Par une ordonnance de Philippe IV, dit le Bel, à la date de 1302, les seigneurs de Champagne furent les seuls qui purent conserver leurs droits sur les bourgeois de leurs terres.

Les villes des bourgeois avaient ce privilége, que toute personne du royaume, qui y venait séjourner un an et un jour, y acquérait droit de bourgeoisie. Elles étaient ainsi un asile ouvert à tous les serfs fugitifs.

Afin que les bourgeois pussent, sans crainte de perdre leur franchise, voyager à travers les seigneuries, les seigneurs firent entre eux des pactes de *parcours* et *d'entrecours*, par lesquels les sujets de chacun d'eux pouvaient librement s'établir sur leur territoire respectif, à la charge seulement de la part des nouveau venus de faire aveu au seigneur du lieu. Les nouveau venus pouvaient même échapper à la juridiction des seigneurs, en déclinant simplement leur compétence, en invoquant, en défendant, la juridiction royale, et en payant aux officiers du roi douze deniers parisis pour le droit de jurée : c'était là un *Aveu au roi* présumé; on l'appelait *simple aveu*. Mais dans les terres pour lesquelles les pactes de *parcours* et d'*entrecours* n'avaient pas été faits, les bourgeois ne purent se soustraire à la servitude, ou du moins à la soumission aux seigneurs, qu'en faisant ce qu'on appelait spécialement l'*aveu au roi*, c'est-à-dire une jurée expresse et formelle entre les mains des officiers du roi.

4. Une fière maxime, proclamée par Louis le Hutin, alors qu'il vendit la liberté aux serfs de ses domaines, est écrite dans nos vieux coutumiers : « *Toutes personnes sont franches dans ce royaume; et sitôt qu'un esclave a atteint les marches d'iceluy, se faisant baptiser, est affranchi.* » Si l'on entend par *esclavage* la propriété absolue d'un homme sur un homme, il n'a jamais existé sur la terre de France, depuis le christianisme. Mais entre l'état d'une chose possédée et la liberté civile, il est bien des degrés auxquels on peut arriver, sans atteindre à la liberté. C'est ainsi que cette fière maxime n'est pas absolument vraie; car, à défaut d'esclaves, la

France a eu des serfs, d'une condition à jamais pitoyable.

Les Serfs possédaient et acquéraient, mais pour leur seigneur : ils ne pouvaient ni tester, ni succéder, ni aliéner ; à leur mort, leurs biens revenaient au seigneur, quand ils ne laissaient pas des enfants nés en loyal mariage, de leur condition, et encore sous leur autorité. S'ils fuyaient, le seigneur avait le droit de les suivre et de les atteindre. Les serfs ne pouvaient entrer dans aucune de ces professions qui réputent libres ceux qui les pratiquent. Ceux qui, sans la permission du seigneur, s'étaient enrôlés dans la milice ou avaient été ordonnés prêtres, purent échapper à leur seigneur, en l'indemnisant de leur perte.

Ceux qui se mariaient à des personnes franches, devaient payer au seigneur, dans tous les cas, le tiers de leurs biens ; et en outre, quand ils s'étaient mariés sans sa permission, une amende dite de *for-mariage*, et s'élevant ordinairement à la somme de soixante sols et un denier.

Dans les pays où les enfants suivaient la pire condition, il n'y avait de for-mariage que dans le cas où le serf épousait une serve dépendante d'un autre seigneur : comme les enfants devaient se partager entre les deux seigneurs, le for-mariage se partageait aussi, pour indemniser réciproquement chaque seigneur des enfants qu'il n'avait pas.

Dans quelques coutumes les serfs se soustrayaient aux amendes de for-mariage par le mariage dit *par échange* : si un serf désirait se marier avec une serve d'un autre seigneur que le sien, il s'informait, si, dans les domaines du seigneur de sa future, il n'y avait pas quelque serf qui voulût se marier avec une serve de son seigneur. Le cas échéant, les deux serfs obtenaient de leurs seigneurs respectifs un permis d'échange, et chacun d'eux pouvait épouser la femme qu'il avait choisie.

Les serfs étaient taillables pendant leur vie, *à taille abonnée* ou fixe ; ou *à plaisir et à volonté;* et *aux quatre cas,* c'est-à-dire quand le seigneur mariait son fils ou sa fille ; quand il armait son fils chevalier ; quand il partait pour la Terre-Sainte, et quand il avait été fait prisonnier à la guerre.

Les serfs étaient même quelquefois considérés comme des choses; car on les comprenait dans les dénombrements, non séparément, mais avec la terre, et comme des accessoires de la terre, des instruments, des bêtes de somme. Les jurisconsultes romanistes les appellent immeubles par destination.

Au reste, les seigneurs n'eurent jamais sur leurs serfs le droit de vie et de mort, l'impunité des outrages et l'abus des services qu'ils leur devaient.

Pour avoir la faculté d'aliéner, de tester et de succéder, les serfs d'une même famille obtenaient de leurs seigneurs la permission de former entre eux une communauté. Comme la communauté était constituée seule propriétaire, et non les individus qui la composaient; à la mort de l'un d'eux, les autres succédaient à sa part vacante; et ils pouvaient ainsi donner et tester à l'égard les uns des autres. Cette communauté distribuait les emplois à ses membres, aux uns la conduite des bœufs, aux autres le labour, à chacun selon sa force et sa prudence. Elle élisait un chef, qui était ordinairement le père, et s'appelait le chef de la communauté. Celui-ci la représentait, et obligeait ses *parsonniers* pour les choses mobilières; seul, il figurait au nom des autres sur les rôles des tailles et autres subsides. Il allait à la ville, aux foires, achetait, vendait et était le tuteur de tous ses parsonniers mineurs.

Cette communauté était dans une telle union que, selon le langage énergique des coutumes, elle *devait n'avoir qu'un feu, qu'un pot, qu'un sel et qu'un pain*. Si un seul des parsonniers sortait de la communauté, la communauté était dissoute, et ses membres ne se succédaient plus les uns aux autres. Il fallait une nouvelle permission du seigneur pour la reformer. C'est ce qu'exprime cet adage : « *Un parti, tout est parti, et le chanteau part le villain* (1).

La pitié fit introduire quelques modifications à la rigueur de cette dissolution de la communauté par le départ d'un seul de ses membres : des coutumes admettent des départs nécessaires, qui n'interrompent point la communauté; d'autres ne l'interrompent que pour certains biens.

Les serfs de corps pouvaient être affranchis par leur seigneur. Mais, comme cet affranchissement était une diminution de fief, puisque les serfs n'en étaient qu'un accessoire, et que toute diminution de fief ne pouvait se faire que par la permission du seigneur suzerain ou dominant, le serf, af-

(1) C'est un jeu de mot sur la double signification du mot *partir*, *s'en aller*, et *partir*, diviser : le *chanteau*, c'est le *pain*. On peut traduire ainsi cette règle : « Un des parsonniers parti, la communauté est dissoute : le pain séparé, sépare le vilain. »

franchi par le seigneur immédiat, retournait serf au seigneur suzerain ; et ainsi de seigneur en seigneur jusqu'au roi, qui s'était déclaré le souverain fieffeux du royaume. Il ne pouvait ainsi être affranchi que par le roi, et c'est à lui que le serf ou le seigneur payait la finance due pour tout affranchissement.

Cependant la servitude de corps ayant été généralement abolie, il resta, non des hommes, mais des biens serviles, et à l'occasion desquels leurs possesseurs se trouvaient dans la position des serfs. Les biens étaient des meubles ou des immeubles, qu'on appelait taillables, mort-taillables, mainmortables, etc., à cause de la condition qu'ils imposaient à leurs possesseurs assimilés aux serfs proprement dits. On pouvait toujours se soustraire à cette servitude accessoire et accidentelle, en abandonnant le bien servile. Dans le cas où le bien de main-morte devait, non-seulement des droits en nature, mais encore en argent, on pouvait racheter la servitude. Cette différence entre les redevances en nature et les redevances en argent dérivait, selon de Laurière, de ce que la redevance en argent, représentait que la morte-main ne s'était établie qu'en forme de gage : or le débiteur, en payant son créancier, peut toujours racheter le bien donné en gage.

II. Avant de passer à l'organisation de la Famille, disons un mot de ce que nous avons appelé les Actes de l'état civil. Un article ajouté à la coutume réformée de Paris porte : « Sont tenus les curés et vicaires généraux de porter et faire mettre de trois mois en trois mois, ès greffes comme dessus (ès greffes royaux pour le regard des paroisses assises ès villes, et où il y a juge royal; et ès autres lieux en la justice ordinaire d'iceux), les registres des baptêmes, mariages, testaments et sépultures, sous peine de tous dépens, dommages et intérêts. Et pour ce, ne doivent rien payer au greffe ».

On voit ainsi que ce sont les curés et vicaires généraux des paroisses qui tenaient partout en France les actes de l'état civil. Ce sont eux qui les ont créés, et la justice royale ne fait qu'en exiger le dépôt à ses greffes. Les ordonnances des rois ont réglé ce dépôt. L'ordonnance de François Ier, de 1539 (art. 51, 53), exigea ce dépôt tous les ans : l'ordonnance de Henri III, de 1579 (art. 181), enjoignit aux greffiers de poursuivre chaque année les curés et vicaires généraux, pour les contraindre à livrer leurs registres. L'ordonnance d'avril 1667 renouvela et amplifia ces commandements (tit. 20, art. 8, 11), et permit à chacun d'aller demander aux greffes royaux ou aux paroisses, des extraits de ces registres (art. 12), moyennant dix ou cinq sous pour les curés, selon que la paroisse était sise ou non aux villes où il y a parlement, évêché et siége présidial. L'article 14 de cette même ordonnance prévoit la perte ou l'absence de ces registres, et offre les moyens de subvenir à leur preuve écrite par des titres de famille et des témoignages. Par une ordonnance d'octobre 1691, le roi a créé en titre d'office des greffiers conservateurs des registres des baptêmes, mariages et sépultures, lesquels sont tenus d'envoyer tous les ans aux paroisses des registres cotés et paraphés.

Ces ordonnances étaient générales pour toute la France; mais on les observait inexactement : car les curés tenaient à conserver les registres; à Paris, par exemple, leur dépôt aux greffes royaux n'avait point lieu, malgré l'article 291 de la coutume, et les prescriptions des diverses ordonnances. On prétextait qu'on n'avait point de lieu commode où mettre ces registres.

III. Considérons la Famille. C'est le mariage qui la fonde; commençons par lui.

1. Il y avait autrefois un précepte qui disait : « *Boire, manger, coucher ensemble, est mariage ce me semble.* »

C'est ainsi que le mariage se faisait à Rome dans les derniers temps. C'est ainsi qu'il a pu se faire longtemps en France. On distinguait les *paroles de présent* ou mariage immédiatement contracté : « *Je vous prends à épouse, je vous prends à époux* »; et *les paroles de futur* ou fiançailles. Quand les paroles de futur étaient suivies de cohabitation, la promesse était exécutée, le mariage accompli. Quelquefois les paroles de futur étant secrètes, on commençait par la cohabitation, et l'on supposait les paroles de futur. L'Église a fait de grands efforts pour mettre fin à ces unions furtives. Après avoir fait du mariage un sacrement; après avoir poursuivi l'inceste, si commun aux Barbares, par la prohibition du mariage, à des degrés très-éloignés; après avoir fait le mariage indissoluble, et une pure union des âmes, symboliquement accomplie par le mélange des corps (1); l'Église,

(1) « Les mariages, disent les coutumiers, se font au ciel et se consomment sur la terre. »

dans le concile de Trente (1545-1563), a aboli les paroles de futur, et exigé la publication des bans, comme le concile de Latran, sous Innocent III, l'avait déjà prescrit, et la célébration de tout mariage solennellement faite devant l'assemblée des fidèles. Les ordonnances des rois n'ont fait que suivre les prescriptions de l'Église; et les coutumes ne traitent point d'un sujet d'institution religieuse, et qui est devenu un sacrement. Elles ne s'occupent des mariages que pour la convention, quant aux biens et les droits respectifs des époux (1).

2. Tacite dit dans sa Germanie : « *dotem non uxor marito, sed uxori maritus offert.* » Nous avons vu chez les Barbares, que le mariage se contractait par une vente de la fille au mari, *per solidum et denarium*, symbole légal du prix, plutôt que le prix lui-même, variant au gré des contractants. Nous avons vu de même que le mariage était suivi d'une donation faite par le mari à la femme, le *morgengabe* ou le don du matin. Ces deux usages germaniques se sont confondus dans les coutumes en une seule institution, le *Douaire* ou don du mari à la femme.

Comme le *solidus et denarius*, il se donne avant les noces, à la porte de l'église même, par ces mots anciennement usités : « *Et du douaire te doue, qui est divisé entre mes amis et les tiens.* » Dans les Établissements de saint Louis, on trouve le

(1) Les lois anglaises ont conservé le mariage par simple convention, ou *paroles de présents*. Un acte du parlement, passé sous Henri VIII, a donné à cette convention la force d'un mariage solennellement contracté. Mais sous George II et George IV, l'acte susdit du parlement a été aboli, et aujourd'hui en Angleterre il n'y a aucun moyen de forcer un copromettant, qui s'y refuse, à remplir une promesse de mariage. Cependant il n'en a pas été de même en Ecosse, où les paroles de présent ont toujours produit et produisent encore une obligation civile, telle que, la cohabitation suivant, un mariage légitime est accompli. Or, ces *paroles de présent*, semblables à *nos paroles de futur*, peuvent se prouver par des témoins ou par un certificat signé de deux témoins. Delà en Angleterre cet usage célèbre, que les personnes qui éprouvent des obstacles à s'unir par le mariage, se sauvent en Ecosse, à *Greetna-Green*, qui est le premier village écossais de la frontière, et se font mutuellement *promesse de mariage* par paroles de présent ou de futur. La cohabitation suivant, le mariage est légitimement accompli. Le maréchal-ferrant de *Greetna-Green*, qui tient registre de ces promesses, n'a aucun autre caractère officiel que celui que lui donnent la vogue et l'usage. Les premiers témoins venus en Ecosse peuvent également signer le certificat d'une telle promesse de mariage. (Voyez *Revue étrangère et française, de législation et d'économie politique*, tome IV.)

douaire ainsi mentionné : « *De don de mariage à porte de moustiers* ». Les Capitulaires ordonnent expressément aux curés de veiller à ce que le mari dotât publiquement sa femme devant le peuple, avant même la bénédiction nuptiale. Un concile d'Arles, de 524, avait même ordonné qu'il n'y aurait aucun mariage sans dot préalablement faite par l'épousant à l'épousée : c'était là un moyen d'empêcher les unions imprudentes, capricieuses, temporaires.

Comme le *morgengabe*, le douaire portait sur une partie aliquote des biens du mari, et selon la plupart des auteurs, il était une joyeuse récompense, *pretium delibatæ virginitatis*. Le chapitre des Établissements de saint Louis, dont nous venons de citer le titre, ne parle du douaire que dans cette supposition : « *La fille ayant esté donnée pucelle.* » Il y avait anciennement cette différence entre le douaire fait à une femme en premières noces, et le douaire fait à une veuve se remariant, que le mari noble ne conservait pas l'usufruit du douaire de cette dernière, après la mort de sa femme. Il paraît ainsi que l'usage de doter l épousée fut général par la volonté de l'Église et des rois; mais que l'on dota à un titre différent la vierge et la veuve, et que le douaire, qui dérivait du morgengabe, se donnait particulièrement à la première, tandis que la seconde recevait une donation *antè-nuptias* proprement dite.

Quoi qu'il en soit, le douaire et la donation *antè-nuptias* se confondirent, et il ne resta de leur origine diverse et de leur confusion, que cette question, différemment résolue par les coutumes, si la femme gagnait son douaire au lit, au coucher, ou à l'église et à la bénédiction nuptiale (1).

Le douaire était *coutumier* ou *conventionnel*. Le douaire coutumier avait été fixé par un établissement de Philippe-Auguste, de 1214, à la moitié des biens que le mari avait au jour de la bénédiction nuptiale. Les Établissements de

(1) La coutume de Normandie dit : « Femme gaigne son douaire ayant mis le pied au lict, après estre espousée avec son seigneur et mari. » La coutume du Bourbonnais, au contraire, dit : « Femme prend son douaire ...... jaçoit (lors même) que le mariage n'aye pas esté consommé par copule charnelle, comme il peut advenir que l'époux décède le jour de la bénédiction... » — La coutume de Paris parle de même, mais plus chastement; le douaire existe, selon elle, dès qu'il est constitué, c'est-à-dire avant la célébration même du mariage. La décision la plus générale est celle qui fait gagner le douaire à la femme dès la bénédiction nuptiale.

saint Louis (1270) ne parlent que du tiers : cependant c'est la quotité déterminée par Philippe-Auguste qui a généralement prévalu.

Les biens consistants en la couronne, comtés et baronies tenues d'icelle, étaient seuls exceptés de l'affectation du douaire; car ils ne pouvaient se partager. Il faut ajouter à ces biens les donjons et forteresses *jurables* et *rendables ;* lesquels étaient toujours à la disposition du seigneur, pour les guerres privées et la défense du territoire. Cependant Beaumanoir nous atteste qu'à l'égard de ces forteresses *jurables* et *rendables*, il n'était pas admis avec certitude qu'elles ne pussent être comprises dans les biens du mari, affectés au douaire de la femme : « *Le contraire*, dit-il, *j'ay veu débattre, et puis approuver par jugement.* »

Outre la moitié des biens que le mari avait au jour des noces, le douaire coutumier frappait, selon la plupart des coutumes, la moitié des héritages qui, depuis la consommation dudit mariage et pendant icelui, échéaient en ligne directe au mari.

Le douaire conventionnel variait conformément à la volonté des parties contractantes. D'après la raison qui avait fait établir d'une manière fixe le douaire, il aurait été conséquent de ne permettre ni de l'augmenter, ni de le supprimer par une convention, mais seulement de le diminuer ou de le faire porter de préférence sur certains biens. Cependant la jurisprudence a fait admettre qu'on pouvait renoncer au douaire.

Le douaire, au reste, demeurait dans la main du mari : à sa mort, la veuve n'en avait que l'usufruit, et la nue-propriété en appartenait aux enfants. La veuve perdait son douaire, si elle avait été convaincue par le mari d'avoir forfait à l'honneur conjugal.

3. Dans les pays de droit écrit, où le douaire était inconnu, on l'avait remplacé par un *Augment de dot*, qui était un avantage fait par le mari à sa femme, et consistant ordinairement en des biens égaux en valeur à la moitié de la dot. Entre le douaire et l'augment de dot il y avait ces différences, que l'augment supposait une dot, appartenait à la femme en toute propriété, et n'était obligatoire qu'à la condition du payement de la dot.

4. La femme, étant mariée, devenait commune en biens,

avec son époux, en meubles et conquêts immeubles faits durant le mariage. La Communauté commençait du jour de la bénédiction nuptiale; selon certaines coutumes anciennes, du jour du *premier coucher ensemble*. Les dettes se partageaient dans une même proportion.

Les coutumes de l'Auvergne, de la Haute-Marche, près des pays de droit écrit, celle de la Normandie, sont les seules qui n'admettent point le régime en communauté, avec cette différence que la coutume de Normandie le prohibe seule expressément.

Nous ne nous étendrons pas sur le sujet de la communauté de biens entre époux; car elle était dans les coutumes comme dans notre Code civil. Nous dirons seulement que, si un des époux mourant, le survivant se remariait sans faire inventaire des biens de la communauté; les enfants mineurs pouvaient demander communauté en tous les biens meubles et conquêts immeubles du survivant, faire confondre leurs biens avec ceux du survivant et s'accroître de leurs fruits; c'est ce qu'on appelait *continuation de communauté*. Dans l'article 1442 du Code civil, on voit que notre législateur l'a abolie, en donnant aux enfants mineurs une autre espèce de garantie contre le défaut d'inventaire.

5. Dans le principe, la femme associée à la fortune du mari ne pouvait jamais renoncer à la communauté. Mais, cette constance devenant trop onéreuse aux intérêts des femmes et de leurs familles, on permit d'abord aux femmes nobles de se décharger des dettes, en renonçant à la communauté; car les nobles, ne travaillant point et dépensant leur vie et leurs fortunes aux guerres, aux expéditions, à la défense du royaume, étaient le plus exposés à se ruiner. Selon Loisel, c'est à Me *Jean-Jacques de Mesme* que les femmes roturières ont dû de pouvoir renoncer à la communauté, comme les femmes nobles.

La renonciation devait jadis se faire ainsi: la veuve venait sur la fosse toute récente du défunt, et sur cette fosse elle jetait sa ceinture, sa bourse et ses clefs; sa bourse, pour marquer qu'elle ne retenait rien des biens communs; ses clefs, pour marquer qu'elle n'en serait plus la ménagère; sa ceinture, pour dire plus hautement encore qu'elle se dépouillait de tous les biens communs (1). Un notaire prenait acte de cette renon-

(1) Celui qui faisait cession de biens était nu-tête et desceint. — De

ciation, et la veuve ne rentrait plus dans la maison commune. Elle allait demeurer ailleurs, n'emportant de la communauté que son lit et ses vêtements.

Plus tard, cette solennelle renonciation, si propre à représenter aux femmes, et leur devoir de ne jamais se séparer de la fortune de leurs maris, et la gravité d'une telle séparation, fut remplacée par une renonciation déposée aux greffes des justices, avec un loyal inventaire des biens de la communauté.

Selon quelques coutumes, la renonciation devait se faire en jugement dans les délais de l'inventaire, ou du moins quarante jours après.

6. Si les biens étaient communs, l'administration ne l'était point : car le mari avait un pouvoir de seigneur et maître; et, tant qu'il vivait, seul, il apparaissait propriétaire.

De là, on rencontre dans le régime de communauté deux principes en apparence contradictoires : l'égalité des conjoints, signifiée par la communauté des biens; la supériorité de l'un d'eux, signifiée par la seigneurie du mari.

Il faut expliquer cette contradiction apparente.

On sait que les Germains, ainsi que les Gaulois, avaient un respect superstitieux de la femme (1).

Il fut facile à l'église chrétienne de leur faire admettre l'égalité de l'homme et de la femme, et le mariage, comme une divine union des âmes, symboliquement et terrestrement accomplie par le mélange des corps ; un sacrement, signe visible d'une chose invisible.

Dès lors, chez les Germains, deux époux furent une seule personne en deux individus. La communauté de biens ne fit que représenter la confusion des deux personnes en une seule.

Dans les anciennes coutumes normandes, il est dit que la

---

même, comme nous l'avons vu dans la loi Salique, le meurtrier qui ne pouvait payer le whergeld. — La ceinture ôtée désignait non-seulement le dépouillement, mais encore la honte et l'abaissement.

(1) « Inesse quinetiam (feminis) sanctum aliquid et providum putant, nec aut consilia earum adspernantur, aut responsa negligunt. Vidimus sub divo Vespasiano Veledam, diù apud plerosque numinis loco habitam. Sed et olim Auriniam et complures alias venerati sunt, non adulatione, sec tamquàm facerent deas. » Tacite, *De moribus Germanorum*, § 7.

femme mariée *est viro cooperta* : dans les lois anglaises, on professe formellement que le mari et la femme ne forment qu'une seule personne. Dans les lois espagnoles, le mot *unidad*, unité, signifie mariage, et notre expression, l'*union conjugale*, au lieu d'*association conjugale*, parole moderne, et peu employée, consacre encore l'idée première que les mœurs germaniques et le christianisme nous ont léguée sur le mariage.

On trouve d'ailleurs dans les usages gaulois, et surtout dans les lois barbares, la pratique de la communauté des biens, signe de l'égalité des conjoints.

Au livre VI, § 19, des Commentaires de César sur la guerre des Gaules, on lit : « Autant les maris ont reçu de biens de leurs épouses à titre de dot, autant ils mettent de leurs propres biens, après estimation faite, en communauté avec cette dot. On dresse conjointement un état de ce capital et l'on en accumule les intérêts. Quelque époux qui survive, c'est à lui qu'appartient la part de l'un et de l'autre, avec les intérêts des années antérieures. »

Dans les lois barbares, il est dit que l'épouse survivante aura le tiers ou la moitié des biens acquis ensemble, *quæ collaboraverint*.

Cependant il fallait dans la vie civile, ou que les deux personnes *unies* par le mariage agissent également, ou que l'une d'elles agît pour l'autre. Dans toute société, et surtout dans une société guerroyante, il n'était point douteux que l'action ne dût appartenir au plus fort, à l'homme.

Delà, chez les Germains, le mari qui est constitué, non-seulement le protecteur de la femme, mais encore le seul représentant de la communauté. La transition de l'idée d'égalité à l'idée de protection et de représentation unique de la part du mari, était d'autant plus facile que les femmes, chez les Germains, en vue de leur faiblesse et de l'amour même qu'on leur portait, se trouvaient sous une protection perpétuelle de leurs parents ; à défaut de parents, du roi lui-même, qui leur nommait un curateur.

Comme les pures idées dégénèrent, et que la proctection se change aisément en un pouvoir absolu, pour maintenir dans un juste équilibre les conséquences différentes du régime de communauté, il était nécessaire que le mari pût être au besoin gêné et même arrêté dans son administration, et qu'en définitive, après sa mort, la femme, qui avait été presque toujours sujette passive, pût, d'un seul coup, reprendre et exercer le contrôle qu'elle tenait de son égalité, par le droit de renonciation à la communauté.

En France, dans la plupart des coutumes, tout cela s'est accompli naturellement, selon une sagesse supérieure à toutes les combinaisons. La femme eut un douaire, que le mari ne pouvait pas aliéner, des propres qu'il ne pouvait aliéner qu'avec le consentement de la femme. La femme put demander la séparation judiciaire, agir par autorisation de justice, et enfin, à la mort du mari, délibérer pour accepter ou répudier une communauté qu'elle n'avait pas administrée ensemble avec son mari. A l'aide de ces modifications, le pouvoir du mari fut contenu dans de justes bornes, et ne put jamais être que la charge de tout faire, et le devoir de protéger.

Dans la coutume de Normandie, en Angleterre, où la coutume de Normandie a été portée, on eut le malheur de défendre la communauté par un sentiment de funeste prévoyance. Le mari fut le protecteur, le représentant de la femme, — *femina viro cooperta*. Mais cette idée de protection ne trouvant point son contrôle dans une idée du droit de la femme à une complète égalité, dégénéra en un abominable despotisme, qui, en Angleterre surtout, a dépassé toute croyance. Les maris anglais sont seuls maîtres; ils peuvent battre leurs femmes, et tout gravement, les juges n'interviennent que pour mesurer et peser, selon la coutume, l'instrument de correction. Enfin, tous les jours, les feuilles publiques apprennent encore au monde étonné que des maris anglais sont venus sur le marché, traînant leurs femmes au bout d'une corde, et les vendant comme un vil bétail.

D'après notre droit ancien, les maris, en France, pouvaient aussi corriger leurs femmes à l'aide de punitions corporelles; on lit dans Beaumanoir : « *En plusieurs cas*, puent (peuvent) li omnes (hommes) estre excusés de gises (mauvais traitement) que ils font à leurs fames; ne s'en doit la justice entremettre, car il loist bien (est loisible) à l'homme à battre sa fame, sans mort et sans messang (sans la tuer ou l'estropier), quant de méfet cont (quand il s'agit d'une faute commise par la femme). » Les habitants de la petite ville de

Frié, en Languedoc, firent du droit de battre leurs femmes une condition de leur soumission à Charles IV, dit le Bel. Le roi leur abandonna ce à quoi ils tenaient si fort, par une ordonnance du 7 septembre 1325 : « Si quis uxorem suam correctionis causâ percusserit, vel vulneraverit, domino nihil solvat, dùm tamen modus corrigibilis non excedatur. » Les mêmes habitants stipulèrent de grandes et difficiles procédures pour prouver l'adultère, des peines ridicules pour le punir, comme faire courir tout nus par la ville les convaincus d'adultère, et le droit de se racheter d'une telle peine moyennant une amende de soixante sous toulousains.

Mais toutes ces coutumes brutales se sont épurées, et ce qu'on en trouve çà et là ne sont plus depuis longtemps que des étrangetés auxquelles on refuse de croire.

Nous voudrions pouvoir discuter les opinions diverses des auteurs sur l'origine et la nature du régime de communauté. Mais les limites de ce Précis ne nous permettent que de dire, le plus succinctement possible, ce qui nous semble vrai, sans nous occuper de réfuter ce qui nous semble faux.

7. Une autre origine de la paternité, c'est la *Légitimation* et *l'Adoption*.

C'est l'Église qui a fourni un moyen de légitimer les enfants naturels. Ce moyen est le mariage avec la mère des enfants naturels, accompagné d'une reconnaissance publique. Pendant la messe de la bénédiction nuptiale, les mariés étaient placés dans l'église sous un voile, *velamen*, qu'on appelait le *poële ;* symbole du lit conjugal, mystère et non trône de l'union charnelle. On mettait devant tout le peuple les enfants déjà nés, sous le même poële, et ils devenaient ainsi légitimes et habiles à succéder.

Cette légitimation par mariage subséquent a dû être empruntée par l'Église aux lois de Justinien, et selon les conjectures de nos meilleurs auteurs, généralement pratiquée entre le dixième et le onzième siècle, où l'on commença à sévir contre les bâtards.

8. Quant à l'adoption, elle est complétement étrangère aux coutumes. On trouve dans les anciennes lois barbares, des enfants adoptés par une cérémonie qui consiste à les placer entre la chair et la chemise de l'adoptant. Mais cet usage n'a pas eu de suite, et n'en pouvait pas avoir : car, autant qu'on en peut comprendre la raison, il indique fortement que l'adoption n'était qu'une procréation naturelle simulée :

l'enfant appuyé contre la chair en était censé faire partie; séparé, en sortir. Or, une telle fiction implique qu'il ne pouvait y avoir qu'une parenté naturelle, la négation du principe même de l'adoption.

IV. Nous venons de voir comment la famille se forme : voyons comment elle se régit.

Nous avons dit que les Germains tenaient leurs fils, leurs filles et leurs femmes dans leur *Mund*, et ce mot veut dire *protection*. Dans leurs mœurs grossières, il leur arrivait souvent de convertir le *mund* en une véritable propriété; ils pouvaient tuer leurs enfants nouveau-nés; les vendre quand ils étaient plus âgés. Cependant l'idée essentielle du pouvoir d'un homme libre sur un homme libre, la protection, a persisté et ne s'est point perdue.

Dans les coutumes, le pouvoir du père sur ses enfants, du mari sur sa femme, comme celui du tuteur sur son pupille, n'a pas d'autre essence que la protection; tous les mots qui servent à désigner ces différents pouvoirs, l'expriment clairement : *bail*, *garde*, *garde gardienne*, *mainbournie*, *vouerie*, *advouerie* : *bail*, selon la plupart des auteurs, vient de *bajulus*, *bajulare*, soutenir; *garde*, du mot teutonique *waerdein*, *waerden*, garder; *mainbournie* est fait de *mundeburdus* ou de *momboor*, qui signifient également protecteur; enfin, *vouerie*, *advouerie* est l'invocation et la constitution d'une défense.

Les coutumes peuvent quelquefois employer les expressions de *puissance*, *autorité paternelle* : mais, au fond, elles sont toutes unanimes pour ne faire du pouvoir d'un homme libre sur un autre homme libre qu'un devoir de protection. Elles peuvent encore le faire dégénérer, en quelques détails, en une véritable puissance; mais le principe survit toujours à ses mauvaises applications.

Accurse, qui écrivait au commencement du treizième siècle, a fait cette remarque sur le titre des institutes, *de patriâ potestate* : « Quædam gentes ut servos tenent filios, sicut Sclavi; *aliæ*, *ut prorsùs absolutos*, *sicut Francigenæ*. »

Toute protection n'existant qu'à l'avantage du protégé, comporte nécessairement certaines indemnités pour le protecteur, et, en outre, ne peut durer qu'autant que le protégé en a besoin.

Ces deux conséquences naturelles expliquent les institutions que nous allons parcourir.

1. Le mari a le *bail* (1) *de sa femme*. Par cette raison, il a non-seulement l'administration des biens propres de sa femme, mais encore, en guise d'indemnité, la jouissance de ces biens (2). Le bail du mari sur la femme ne finit jamais que par la mort, l'interdiction ou la séparation judiciaire : dans ce cas, encore, la femme ne peut ester que par autorité de justice.

Si la femme était marchande, elle pouvait contracter et s'engager pour tous les faits de son commerce. C'est là un droit ancien, qui se trouve établi dans les Assises du royaume de Jérusalem.

2 Le père a sur ses enfants un même pouvoir protecteur, mais, caractère significatif de l'égalité entre conjoints, à défaut du père, la mère exerçait ce même pouvoir. Plusieurs coutumes sont expresses à cet égard, et Bouteillier, dans sa *Somme rurale*, nous montre l'émancipation d'une fille par sa mère.

3. Les enfants, dès qu'ils avaient atteint l'âge de se conduire par eux-mêmes, la majorité (3), sortaient de la pro-

---

(1) Plusieurs auteurs avancent que le *bail* ne se dit qu'en ligne collatérale, *garde* en ligne directe. Quoique de nombreux documents puissent justifier cette différence d'acception, il est plus vrai de dire que ce sont là des expressions générales qu'on appliquait indifféremment à tous les cas. La coutume de Beauquesne, art. 39, 53, donne le bail aux pères et mères. La coutume d'Etampes dit que les *gardiens* ont le *bail*. Les coutumes de Troyes, Chaumont, Laon, emploient indifféremment garde et bail. De même, s'il fallait en croire la coutume de Bourgogne, le bail est seulement entre nobles; tandis que les coutumes d'Orléans, de Montargis, de la Marche, etc., et enfin l'édit de 1539, employaient le mot *bail* pour les nobles, ainsi que pour les roturiers.

(2) Dans quelques coutumes, où le mariage est dit de *plain siége*, le mari peut aliéner les immeubles propres de sa femme.

(3) L'âge ordinaire de la majorité était de quatorze ans accomplis; la majorité féodale, celle qui mettait fin à la garde noble, était de vingt ans. Au reste, les coutumes, sur cet objet, comme sur tous les autres, nous offrent une grande variété de dispositions, quelques-unes ne mettant guère de différence entre la majorité ordinaire et la majorité féodale, d'autres distinguant entre la majorité des mâles et la majorité des filles. Il y a pour les filles une majorité de onze ans; pour les mâles des majorités de quatorze ans et de vingt-cinq ans. On exige souvent des majorités différentes pour les mêmes individus, selon la gravité et l'importance des actes.

tection paternelle : ils en sortaient encore toutes les fois qu'ils attestaient, par un fait, cette puissance de se conduire par eux-mêmes. De là, l'émancipation par le mariage, par le commerce, par la séparation de demeure.

Dans quelques coutumes, l'émancipation par le commerce n'a lieu qu'au gré du père.

Quant à l'émancipation par demeure séparée, elle est prouvée de plusieurs façons : « Feu et lieu font mancipation ; » dit Loisel. — « Les enfants, dit la coutume de Châlons, sont en la puissance des pères, et n'en sortent qu'ils ne soient âgés de vingt ans, ou mariés, ou tenant maison, et faisant fait à part, au sceu et veu de leurs pères, etc. » *Tenir maison*, *faire fait à part, avoir feu et lieu séparés,* sont expressions synonymes.

Dans les anciens auteurs on trouve que les enfants sont en *Celle*, pour exprimer qu'ils sont dans la maison du père, et partant encore sous son pouvoir.

V. L'enfant mineur, ayant un fief à lui, était sous le bail de son père : s'il n'avait plus de père, sous le bail de son collatéral le plus proche : mais, dans ce cas, on distinguait la garde de la chose de la garde de la personne, et par prudence on ne donnait au collatéral que la garde de la chose ; et l'on réservait celle de la personne à un ami du père : « Car, disent les Établissements de saint Louis, soupçons est que il ne voulust plus la mort que la vie des enfants, pour la terre qui lui écherrait. »

Au reste, pour la tutelle des biens des mineurs, il s'était établi des règles particulières.

1. S'ils étaient nobles, ou si du moins leurs biens consistaient en fiefs, la garde du mineur et de ses biens appartenait ordinairement au seigneur ; il desservait lui-même son fief, et, pour indemnités de ce service, il ne rendait point compte des fruits : il les consommait à son profit. Dans les pays, comme la Normandie et l'Angleterre, où la *Garde-noble* s'est maintenue dans toute sa rigueur, si le mineur était une fille, comme il importait au seigneur que son fief fût bien servi, il avait le droit de choisir lui-même l'époux de sa pupille, et de le lui imposer.

Si le fief du mineur se trouvait dans la mouvance immédiate du roi, la garde appartenait de même au roi : mais, étant royale, elle était plus généreuse : le roi avait l'habitude de ne point faire les fruits siens; il les réservait au mineur.

Dans les pays où la garde noble s'est modifiée, dans la plus grande partie de la France, les seigneurs ont laissé le bail des vassaux mineurs, et de leurs fiefs, au plus proche parent des mineurs, mais en admettant la distinction de la garde de la chose et de la garde de la personne, attribuées à des personnes, différemment intéressées. A l'imitation des seigneurs, dont ils tenaient lieu, les gardiens des biens nobles ne rendaient point compte des fruits. Seulement, pour s'assurer la bonne administration de ces derniers, on les obligea à payer toutes les dettes des mineurs, et, à la fin du bail, à rendre quitte et franc tout le fief. Les créanciers devaient poursuivre le baillistre, sous peine de perdre leurs droits contre le mineur à la fin du bail. C'est pour cette raison que l'on avait établi que les baux de ce genre devaient être acceptés par un jugement, et publiés.

Cette dispense de rendre compte des fruits, attribué aux baillistres des fiefs, devint une source de malversations, qui firent partout restreindre, changer et même supprimer la garde noble (1).

2. La garde n'avait point lieu pour les biens roturiers; mais seulement une tutelle *légitime* ou *dative*, appartenant aux plus proches parents du mineur, ou à celui que désignait un conseil de parents, assistés du juge de lieu. La tutelle testamentaire valait avec confirmation judiciaire, et se confondait dans la tutelle dative.

Cependant, soit par imitation de la garde noble, soit, comme le pensent la plupart des auteurs, par concession spéciale faite aux pères et parents bourgeois, il s'introduisit pour les biens roturiers, l'usage d'une garde analogue à celle des biens nobles, et qu'on appela la *garde bourgeoise*.

La coutume de Paris est une de celles qui admettent la garde bourgoise. Ferrière, dans son Commentaire de la coutume de Paris, sous l'article 266, fait cette remarque : « C'est un privilége donné aux bourgeois de Paris par le roi Charles V, par ses lettres-patentes du 9 août 1371. » Or, comme un privilége ne peut s'étendre, et que les lettres-patentes de

(1) « Le droit des gardes est tellement corrompu dans la pratique, qu'on n'y connaît presque plus rien. » De Laurière, *Coutume de Paris*, sous l'article 265.

Charles V ne parlent que *des pères et mères bourgeois de Paris*, on a inféré, par la jurisprudence, ces deux décisions : 1° les aïeuls et aïeules ne doivent pas être admis à demander la garde bourgeoise; 2° les bourgeois et habitants des autres villes et lieux qui se trouvent dans l'étendue de la coutume de Paris ne sont pas admis à demander la garde bourgeoise de leurs enfants mineurs.

Cependant les coutumes de Calais, Dourdan, Estampes, Montfort, Rheims, accordent la garde bourgeoise aux aïeuls et aïeules. La coutume de Tours oblige *les pères et mères à rendre compte des biens de leurs enfants, et à payer le reliquat* si lesdits biens sont plus que suffisants pour leur nourriture et entretiennement. » Les coutumes d'Anjou, de Clermont, de Nantes, refusent la garde bourgeoise aux parents roturiers et ne permettent que la tutelle.

Quoi qu'il en soit de ces diversités, la garde bourgeoise diffère de la garde noble en ceci, qu'elle ne se pratiquait que sur les biens roturiers; qu'elle finissait à la majorité ordinaire, et non à la majorité féodale; enfin, qu'elle n'avait lieu qu'en faveur des ascendants. Comme les gardiens nobles, les gardiens bourgeois étaient dispensés de rendre compte des fruits qu'ils consommaient à leur profit. La garde bourgeoise étant moins, à la différence de la garde noble, une administration des biens emportant par compensation la jouissance de leurs fruits, qu'une pure et simple jouissance des biens gardés, il était ordinairement enjoint d'ajouter des tuteurs ou curateurs aux gardiens, pour intenter les actions réelles et personnelles, et défendre à ces actions. Le gardien pouvait recevoir le titre et la qualité de tuteur.

IV. Les coutumes admettent la distinction naturelle des choses en meubles et immeubles; mais elles fondent sur cette distinction des établissements d'une importance particulière, et des droits très-divers. Les biens subissent chez elles, comme partout ailleurs, la condition des personnes. Ils sont nobles ou roturiers.

C'est le fief qui constitue le caractère général de la condition des biens. Les autres constitutions réelles n'en sont que des dérivations, des changements, ou des oppositions.

Dans le pays des coutumes cette règle avait prévalu : « *Nulle terre sans seigneur* : » « Quand li sires, dit Beaumanoir, voit aucun de ses sougiez tenir héritages desquels il ne rend à nulluy cens, rentes, ne redevances, li sires y peut jeter les mains, et tenir comme siens propres; *car nuls, selon nostre coustume, ne peut tenir alleux.* »

Une seigneurie étant, tous les biens compris en icelle, en relevaient; et pour signe de ce relief lui devaient des services, différemment déterminés. Mais il y a plus; à l'occasion des choses possédées, les possesseurs étaient soumis à l'égard du seigneur aux droits d'une véritable souveraineté.

« Entre le seigneur et le vassal, dit Pierre Defontaines, il n'y a juge, fors Dieu. » Aussi, dans le cas de forfaiture de la part du seigneur, le vassal, par le combat, en appelait à Dieu lui-même.

La souveraineté et la propriété étaient confondues dans un même titre, ou plutôt la souveraineté était la propriété même.

On appelait *justice haute, moyenne et basse*, l'ensemble des droits du seigneur sur ses vassaux, personnes et biens, dans toute l'étendue de la seigneurie. On appelait indifféremment *droits, services, redevances*, etc., les devoirs, les conditions annexées à la possession précaire des vassaux.

En vertu de sa justice haute, moyenne et basse, le seigneur exerçait sur ses vassaux une juridiction absolue, contentieuse et volontaire, civile et criminelle; et, de plus, il avait sur les choses un droit de propriété dominante, générale, complète.

De là, le pilori, l'échelle, la potence, les peintures de champions combattants, qui figuraient, en signe de justice, sur la porte du principal manoir du seigneur; de là, le droit exclusif du seigneur à la chasse, à la pêche, à l'exploitation des mines, à l'invention des trésors, à l'occupation des biens vacants, à l'usage des fours et des moulins. La terre, ce qu'elle recélait dans son sein, ce qu'elle portait à sa surface; l'air qui passait, l'eau qui coulait, la flamme qui brûlait, tout était à eux.

Un prodige qu'on s'étonnerait de trouver dans un siècle de fer comme celui de la féodalité, c'est que les femmes, étant Seigneurs, avaient jadis les mêmes droits que les hommes, s'asseyaient aux jugements, condamnaient et absolvaient.

Ces droits immondes, connus sous le nom de *droits de jambage, de cuissage*, et qui, malheureusement, n'ont pas seulement existé dans les chansons et les pièces de théâtre, n'étaient qu'une conséquence exagérée de cette propriété absolue et générale des seigneurs, qui des biens passait facilement sur les personnes. Tel est le droit de *marquette:* — *Marquetta ex verbo* MARCH *descendit, quod in priscâ Scotorum linguâ equum significat; turpi quâdam metaphorâ,* marchare *virgines, id est,* EQUITARE SUPER EAS, *dicebant. Undè in Rabelaisianis scriptis et* chevaucher; *pro coire frequentatur. Non tantùm per Anglos, sed etiàm per Francigenas marchettâ potiti erant Seniores. Boerius enarrat semetipsum, in Curiâ Bituricenci, coràm Metropolitano, vidisse et audivisse quemdam parochialem curatum,* EX consuetidine *petentem primam habere carnalem sponsæ cognitionem. Exempta est consuetudo, et in emendam damnatus Rector.* Ces usages immondes se retrouvent dans les treizième, quatorzième et quinzième siècles. En 1406, un arrêt du parlement défendit à l'évêque d'Amiens « qu'il ne pût ni exigeât argent des nouveaux mariés pour leur donner congié de coucher avec leurs femmes les première, seconde et troisième nuits de leurs noces; et fut dit que un chacun des habitants pourrait coucher *cum uxoribus suis*, la première nuit de leurs noces, sans le congié de l'évêque. »

Toute cette rude féodalité, sur laquelle nous ne pouvons nous étendre, parce qu'elle touche au droit public, a été rigoureusement attaquée et détruite.

L'Église, par sa juridiction canonique, a soustrait le plus grand nombre d'affaires civiles et criminelles à la juridiction seigneuriale.

Les Communes et les serfs affranchis ont créé dans les seigneuries mêmes, des sociétés libres, et à peu près indépendantes.

La Royauté, enfin, par ses accroissements, a enlevé aux seigneurs toute leur souveraineté par l'institution de l'*appel au roi* des sentences des seigneurs. La juridiction de ces derniers, déjà restreinte, est devenue subalterne par la proclamation de la maxime que le roi est le souverain fieffeux du royaume. Alors toute propriété dominante et absolue a passé des mains des seigneurs dans celles du roi.

En somme, des droits des seigneuries, il n'est plus resté que quelques conséquences modifiées, et n'ayant presque plus le sens de leur origine.

Le fief, selon la définition de Cujas « *est jus prædio alieno in perpetuum utendi, fruendi, quod pro beneficio dominus dat, eâ lege, ut qui accipit sibi fidem... aliudve servitium exhibeat.* » Mais, considéré dans son objet, le fief était un immeuble tenu selon ce droit.

1 Les fiefs étaient jadis généralement viagers, et à la mort du vassal, ils retournaient au seigneur; mais il s'introduisit l'habitude d'en investir le successeur du vassal, et cette habitude devint un droit tel, qu'il ne fut plus permis au seigneur de reprendre son fief, si ce n'est dans des cas prévus. L'investissement fut obligatoire, sous l'accomplissement de certaines conditions de la part du successeur du vassal.

Ce successeur, *le nouvel homme*, comme disent les coutumes, devait se rendre sans épée ni éperons au chef-lieu ou principal manoir et résidence habituelle du seigneur; et là, demander le seigneur ou quelqu'un chargé de le représenter. Le seigneur ou le représentant étant venu, le nouvel homme requérait qu'il lui plût de recevoir son hommage pour tel fief mouvant de lui : le seigneur consentait et s'asseyait; et le nouvel homme, nu-tête, à genoux, et plaçant ses mains jointes dans celles du seigneur, lui disait : « Sire, je deviens votre homme; je vous promets foi et loyauté de ce jour en avant; je viens en saisine vers vous, et, comme à seigneur, je vous offre ceci. » Et le seigneur répondait : « Je vous reçois et prends à homme et en nom de foi; je vous baise en la bouche, sauf mon droit et l'autrui. »

Le baiser à la bouche ou sur la joue ne se donnait guère qu'entre gentilshommes; et même primitivement l'*hommage*, qu'on appelait *la bouche* et *les mains*, n'avait point lieu envers les roturiers, mais seulement le serment de fidélité ou *la foi*.

Si le vassal ne trouvait personne à l'hôtel de son seigneur, il devait heurter par trois fois à sa porte, l'appeler par trois fois; puis, après avoir baisé la cliquette ou verrou de la porte, faire la déclaration précédente, en prendre acte, à l'aide de témoins, signifier cet acte aux officiers de la justice seigneuriale ou au prochain voisin, et en laisser copie.

Toute cette cérémonie était non-seulement nécessaire à la mort du vassal, mais encore à celle du seigneur, et en général à tous les changements de vassal ou de seigneur; car à tous ces changements le fief tombait, et il fallait le relever.

Le payement de droits particuliers devait toujours accompagner cette cérémonie.

En règle générale, le relief était d'autant plus cher, que le nouveau vassal était plus étranger au vassal auquel il succédait.

Si le relief n'était nécessité que par le changement de seigneur, le vassal ne devait que *la bouche* et *les mains*, ou *la foi* et *l'hommage*.

Parmi les droits qui accompagnaient la cérémonie du relief, savoir : le *chambellage*, ou finances à payer au chambellan du seigneur ; l'*aveu* et le *dénombrement*, ou reconnaissance de la tenure féodale, et inventaire des biens qu'elle comprenait ; le *rachat* ou revenu d'une année, frais de culture déduits ; — les héritiers en ligne directe descendante et même ascendante, quand les fiefs ont pu remonter, ne doivent que le serment de foi et l'hommage, le chambellage, l'aveu et le dénombrement ; tandis que les héritiers en ligne collatérale doivent, outre tous ces droits, le relief ou rachat, ou relief proprement dit. Nous verrons dans les successions le motif de cette différence.

Selon la coutume du Vexin français, le rachat était dû même par les héritiers en ligne directe ; mais cette règle était particulière à ce pays.

Les fiefs étant susceptibles d'aliénation, les acquéreurs des fiefs devaient subir toutes les obligations des héritiers collatéraux ; mais leur cause étant encore moins favorable, dans les acquisitions autres que les échanges et les donations, ils devaient, en outre des droits payés par les héritiers collatéraux, le *quint*, le *requint* ou le *treizième* ; c'est-à-dire, selon les usages divers, le cinquième, le dixième ou le treizième du prix de l'acquisition.

Pour faciliter le commerce des fiefs, dans plusieurs coutumes, on dispensa du rachat les acquéreurs qui devaient le quint, requint ou treizième.

Il était, en outre, des fiefs, dits *abonnés* ou *abrégés*, pour lesquels toutes espèces de droits avaient été convertis en une redevance payable annuellement au seigneur. Ceux-là n'admettaient ni rachats, ni quints ou requints.

Les vassaux devaient au seigneur, pendant leur possession, des droits dits *loyaux aides* ou *chevels* ; c'étaient des secours dont, par suite de son serment de foi et son hommage, le vassal était tenu envers le seigneur, *chef du fief*. Les loyaux aides devaient se payer, lorsque le seigneur ou son fils aîné était armé chevalier ; lorsque la fille du seigneur se mariait ; lorsque le seigneur était prisonnier et qu'il fallait le racheter; lorsqu'il partait pour la Terre-Sainte : les loyaux aides pour la rançon, pouvaient seuls être répétés.

2. Si le vassal ne venait point faire foi et hommage, s'il ne s'acquittait point des droits de mutation, ci-dessus expliqués, dans un délai qui était ordinairement de quarante jours, et s'il n'avait pas obtenu *souffrance*, c'est-à-dire prorogation de ce délai, il y avait lieu à la *saisie féodale*. Selon le langage énergique des coutumes, le seigneur *mettait la main sur le fief*, et faisait les fruits siens jusqu'au jugement de réintégration, ou jusqu'à la prescription acquise par le seigneur contre le vassal. Pour les droits autres que ceux de la foi ou de l'hommage, pour le rachat, l'aveu et le dénombrement, le quint ou requint, le seigneur n'avait pas la saisie féodale, mais une simple action à faire valoir en justice. Et même, le seigneur, ayant une fois admis le vassal au serment de foi et à l'hommage, ne pouvait plus saisir féodalement le fief.

Selon plusieurs coutumes, la saisie féodale, *pour défaute d'homme et de devoirs* (défaut de foi et d'hommage et de payement des droits), était irrévocable, et réunissait à jamais le fief servant au fief dominant. Tels étaient les fiefs dits de *dangier*, à cause de cette chance d'extinction, ou de *commise*, désignation propre à cette saisie féodale, ainsi irrévocable. Une règle coutumière exprime fortement l'exercice de cette commise : « *Un seigneur de paille, de beurre où de feurre* (foin) *vainc et mange un vassal d'acier.* » Ailleurs encore : « *Un seigneur de paille met son vassal d'acier à sa table, et le mange.* »

3. Dans les cas où le fief était aliéné à titre onéreux, mais autrement que par échange, le seigneur avait le droit d'annuler l'aliénation par son *retrait seigneurial*. Comme dans tout changement de vassal, il y avait dessaisissement ou chute du fief, et qu'il était censé loisible au seigneur de relever ou non le fief, d'en ressaisir ou non le nouveau vassal ; dans le cas d'aliénation à titre onéreux, le seigneur avait conservé en plein son droit, et le retrait seigneurial était moins un retrait proprement dit, la révocation d'une aliénation, qu'une rétention du fief dessaisi. Aussi l'appelle-t-on souvent, dans les vieux coutumiers, *droit de retenue*. Le retrait féodal devait s'exercer dans le délai de quarante jours, à partir de la signification de la vente ou contrat équipollent : il entraî-

nait l'obligation d'indemniser préalablement l'acquéreur.

C'était une grande question de savoir lequel du seigneur ou du vassal devait faire *montrée;* en d'autres termes, si le seigneur devait prouver, contre le dénombrement du vassal, les biens que contenait le fief relevé, ou bien si c'était au vassal à prouver l'exactitude de son dénombrement On décidait ordinairement que cette preuve, la *montrée*, incombait au vassal : « *Agnoscat*, disait-on, *bos præsepe suum.* »

Dans l'origine, tous les fiefs étaient militaires, et les nobles seuls pouvaient les occuper ; partant, on disait les fiefs nobles et anoblissants. Mais, par la suite, les rois permirent aux roturiers la possession des fiefs, à la charge d'un impôt appelé *droit de franc-fief.* Il s'établit alors des fiefs roturiers, en même temps que des fiefs nobles, tenus par des roturiers. Ils cessèrent en général d'être militaires ; et, de cette qualité, il n'y en eut plus d'autres que ceux qui relevaient directement des grands suzerains, et plus tard du roi seul. On les appelait *fiefs-liges ;* leur hommage, *hommage-lige ;* l'*homme-lige* devait service à la guerre.

Quand un roturier tenait un fief noble, les vassaux nobles, qu'il pouvait avoir sous lui, ne lui devaient pas la foi et l'hommage; mais seulement les droits-utiles. Quand un noble tenait un fief roturier, il était censé vilain.

On distinguait les fiefs : — *corporels* et *incorporels,* selon qu'ils consistaient en des héritages, ou dans des droits tenus à foi et à hommage, comme un cens, un office fieffé, une rente féodale.— Les *fiefs en l'air ;* ceux que le vassal pouvait donner à quelqu'un, à la charge envers lui seul de la foi et de l'hommage, ou d'une certaine redevance, et sans qu'il y eût lieu à un renouvellement d'hommage. Quand une telle cession n'était permise que pour une partie du fief, on disait qu'on pouvait *jouer du fief.* — Les fiefs *partageables* et *non partageables*, ou de *dignité*, comme les duchés, marquisats et comtés. — Les *fiefs-simples*, opposés aux *fiefs-liges*, et aux fiefs de *danger* ou de *commise,* etc.

VII. Les fiefs étaient quelquefois donnés à Dieu ou à ceux qui le servent, en pure aumône : alors, tous leurs droits étaient amortis, et le seigneur ne conservait sur eux que son patronage. C'est pourquoi on appelait cette tenure *frank' aumône.* Mais l'église seule pouvait jouir d'une telle possession. Les tenanciers en frank' aumône étaient obligés à des prières et à un service divin en faveur du donateur et de sa famille; le donateur ou ses héritiers pouvaient les y contraindre par une plainte auprès de l'Ordinaire. La frank' aumône s'appelait aussi *hommage de dévotion*

VIII. Les autres biens étaient les *héritages à cens*, et les *alleux*.

On appelait héritages à cens des immeubles roturiers qui devaient censives à un seigneur. C'étaient des fiefs, moins la foi et l'hommage. Leurs possesseurs n'avaient qu'un usufruit perpétuel, dont le domaine éminent restait aux mains du seigneur censier. Les censitaires devaient porter tous les ans au seigneur censier une certaine redevance : dans les aliénations à titre onéreux, ils payaient au seigneur des droits appelés *lods et ventes ;* un denier sur douze deniers du prix. Si le censitaire recélait la vente, il était passible d'une amende; ordinairement un écu et un quart. Dans quelques occasions, en général à la mort du censier ou du censitaire, le censitaire devait au seigneur censier le relief, ou le prix d'un nouvel ensaisissement, le double de la rente annuelle. Si le cens ou les autres droits n'étaient pas acquittés, le seigneur saisissait les fruits par voie d'arrêt ou *saisie-brandon*. Autrefois, il avait un droit analogue à la saisie féodale des fiefs de danger ou de commise; il s'emparait irrévocablement des fonds.

Le censitaire ne pouvait changer la culture des lieux, sans le consentement du seigneur; sous peine d'une amende, outre la destruction des travaux entrepris.

Si le censitaire négligeait son fonds pendant trois ans, le seigneur pouvait le faire labourer lui-même et à son profit, jusqu'à ce que le censitaire se remît à l'ouvrage; auquel cas il devait au moins une année des fruits.

Si les biens tenus à cens devenaient vacants, ils retournaient au seigneur.

C'est sur les terres à cens qu'ont vécu les pauvres enfants des anciens serfs, affranchis moyennant finance. Cette misérable tenure avait donné lieu à ce dur proverbe : « Oignez le vilain, il vous poindra; poignez le villan, il vous oindra. »

IX. Enfin, au milieu de ces hiérarchies diverses de biens asservissants et asservis, il y en avait quelques-uns qui avaient conservé la liberté primitive, les alleux. Il y eut une époque, dans la féodalité, où ils parurent avoir cessé d'exister : « Selonc nostre coustume, dit Beaumanoir, nuls ne puet tenir alleux. » Cependant, il ne faut pas s'exagérer le sens de cette maxime : elle signifie seulement qu'on ne pouvait tenir un alleu qu'avec un titre authentique et certain.

Selon l'expression de Bouteillier, les alleux étaient des biens qui ne connaissaient d'autre seigneur que Dieu. A leur occasion, on ne devait aucun droit, ni foi, ni hommage, ni relief, ni quint et requint, et, comme disent les coutumiers, ni *vest* ni *devest*. L'alleu était noble, quand il exerçait une seigneurie à l'égard d'autres biens féodaux ou censiers; roturier, quand il n'obligeait pas plus qu'il n'était obligé lui-même.

Dans les pays de droit écrit, la condition allodiale était la règle; la féodale ou censitaire, l'exception : on y disait : « Nul seigneur sans titre. » Dans le Nord, au contraire, l'alleu vivait comme une exception à la règle de la tenure en fief ou en censive. Cependant, cela n'était pas généralement vrai, comme le proclament avec orgueil les auteurs de droit écrit : car les coutumes d'Auxerre, de Chaumont en Bassigny, de Troyes, de Nivernois, de Cezanne Treffou, de Chantemarle (locale de Meaux), professent « que tous héritages sont réputés francs, s'il n'appert du contraire ». Quand le roi se fut arrogé le titre du souverain fieffeux du royaume (1), les partisans du pouvoir absolu du roi avancèrent que dans tout le pays de droit

(1) Il ne faut point prendre en mauvaise part l'expression d'*arroger* que nous employons : car c'est avec justice que le roi de France s'est constitué le souverain fieffeux du royaume. En 987, Hugues Capet, duc et pair de France, comte de Paris et d'Orléans, n'était roi que sur les terres de son domaine. Il avait autour de lui six pairs, six grands suzerains, rois, comme lui, sur les terres de leurs domaines. Mais ces pairies s'éteignirent successivement, et se réunirent à la couronne des descendants de Hugues Capet : la pairie de Normandie, en 1202, lorsque Jean sans Terre, roi d'Angleterre, en fut déclaré déchu par arrêt de la cour des pairs, sous Philippe-Auguste; la pairie de Toulouse, en 1228, par sa réunion à la couronne en vertu d'un traité entre saint Louis et le comte Raymond; la pairie de Champagne, par le mariage de Philippe le Bel avec Jeanne, comtesse de Champagne; la pairie de Guienne, par conquête et défense nationale, sous Charles VII; la pairie de Bourgogne, par réversion, sous Louis XI; la pairie de Flandres, en 1526, fut cédée par François Ier à Charles V. Par le fait de ces extinctions et réunions, la couronne du roi de France se trouva avoir sur tous les fiefs du royaume les droits d'une suzeraineté générale et complète.

coutumier il n'y avait point d'alleux sans titre. C'est au chancelier Duprat qu'on attribue d'avoir émis le premier cette exagération. Quelques auteurs, étrangers à l'étude des lois, l'historien Mézerai et ceux qui l'ont copié, se sont imaginés que le chancelier Duprat avait créé le premier cette maxime.

Après avoir dit les personnes, l'organisation de la famille, le mariage, ses institutions; la tutelle et ses variétés coutumières; après avoir indiqué la condition de la propriété, le fief, le cens, l'alleu, nous ne croyons pas utile de nous étendre sur les conventions, et toutes les manières de contracter, d'aliéner, et d'acquérir. Leur trait caractéristique peut s'apercevoir dans ce que nous venons de dire au sujet de cette double propriété qui s'appliquait sur les choses, le domaine éminent du seigneur féodal et censier, la possession du vassal et du censitaire; les entraves qu'une telle disposition apportait dans le commerce des choses; les moyens par lesquels on conciliait la liberté d'aliénation du possesseur avec le droit du propriétaire éminent.

On pourra avoir une idée vraie et complète du droit coutumier, par une dernière inspection sur le droit successoral.

Mais avant d'entrer dans ce sujet, qu'on nous permette quelques mots sur la possession et la prescription.

XI. Dans les lois barbares, on trouve la nécessité d'un fait physique et apparent, comme, par exemple, la tradition et la possession, imposée à toute translation de propriété.

Des effets particuliers y sont souvent attribués à la possession annale, d'un an et d'un jour.

Les coutumes ont retenu ces principes.

Toute propriété n'est transmise qu'après une investiture : par la foi et l'hommage, s'il s'agit d'un fief; par l'ensaisinement, s'il s'agit d'un bien en censive; par la sentence du juge, s'il s'agit d'un alleu.

Quant aux héritiers, une saisine fictive avait été admise : « Le mort saisit le vif, son plus proche parent et hoir habile » à lui succéder. »

Mais, avec l'affaiblissement de la tenure féodale et censuelle, ces investitures n'apparaissant guère que des restrictions fiscales imposées à l'aliénation des biens, les droits personnels, résultants des conventions sur les choses, se convertirent en des droits réels sur la propriété des choses.

Cependant, le fait de la possession garda une certaine

importance : « Appréhension de fait, dit Loisel, équipolle à saisine » : — « En toutes saisines, le possesseur est de meilleure condition, et pour ce, *qui possidet et contendit, Deum tentat et offendit.* » La possession d'un an et d'un jour, ou la saisine proprement dite, donna le droit d'exercer l'action possessoire dite en *complainte*, pour recouvrer la possession enlevée de force, *en cas de dessaisine ;* pour retenir la possession troublée, *en cas de nouvelleté* ou *de nouveau trouble :* Messire Simon de Bucy, premier président du parlement (du 11 mars 1344, au 7 mai 1368), fit prévaloir que la *dessaisine* devait être considérée comme la *nouvelleté*, et ces deux actions possessoires se confondirent en une seule action. Si la possession était troublée avant l'an et jour, il y avait lieu à une action de *simple saisine*, qui différait de la précédente.

La saisine n'était relative qu'aux immeubles. Quant aux meubles, sans admettre généralement que leur possession vaut titre, les coutumes permettent rarement leur revendication; ailleurs elles obligent les détenteurs des meubles à une possession patente, ou les soumettent à la preuve d'une possession de trois ans.

XII. La Prescription, dans les coutumes, est évidemment une introduction du droit romain, car elle ne figure point dans les lois barbares. Un édit de Childebert, de 595, établit la prescription romaine de dix ans entre présents, et de vingt ans entre absents. C'est encore cette même prescription qui prévaut dans les coutumes, mais non généralement; car quelques-unes n'admettent que la prescription centenaire ou immémoriale. En fait de prescription, rien n'est original dans les coutumes ; elles statuent conformément au Droit romain, sans autres modifications que celles de la nature différente des biens prescriptibles.

Arrivons au droit successoral.

XIII. Posons d'abord quelques principes :

a. Toute succession dans les coutumes est légitime : *Deus est*, disent les anciens auteurs, *qui facit heredes*. Le testament est une introduction du droit romain, imposée par l'Église.

b. L'héritier est un copropriétaire de son auteur : il continue sa possession. Quand l'héritier n'a pas joui avec son auteur des biens de celui-ci, son droit de copropriétaire et de continuateur paraît incertain; de là des difficultés pour admettre la représentation et la saisine en faveur de tous les parents.

c. Deux espèces de familles, les familles nobles et les familles bourgeoises, figurées par deux espèces de biens, les biens nobles et les biens roturiers, se règlent différemment.

Dans les premières, où les héritiers succèdent à des dignités, à des devoirs militaires, à un titre, les forts sont préférés aux faibles; de là l'exclusion des ascendants à la succession des fiefs; delà, l'exclusion des filles, suffisamment apanagées. Mais il y a plus, comme la dignité, le devoir militaire, le titre, ne sauraient se partager; un seul, parmi les héritiers, doit emporter tout cela, et une plus grande part dans les biens, pour soutenir et son nom et ses charges; de là le droit d'aînesse.

Dans les secondes, des principes différents; l'admission de tous les héritiers indépendamment de leur force, de leur sexe ou de leur âge; l'égalité sévère dans les partages.

Cependant, soit par imitation des familles nobles, soit par l'établissement d'une aristocratie particulière dans les familles bourgeoises, soit par la prévoyance et la stabilité ordinaires à une société fortement organisée, les familles bourgeoises admettent la conservation des biens, et des avantages aux mâles sur les filles; de là les propres qui, comme les fiefs ne remontent pas aux ascendants; de là les exclusions des filles aux successions de leurs père et mère, par convention de mariage.

1. Les testaments étaient inconnus aux lois germaniques. Cependant, comme la loi des Saxons songeait seule à les prohiber, les Germains testèrent après la conquête, mais conformément à la loi romaine. Telle est la force d'un principe enraciné dans les mœurs des peuples, que le testament n'a jamais pu s'établir dans les coutumes, tel qu'il était dans le droit romain.

Cependant, il n'est pas d'exemples d'efforts plus constants pour introduire une institution, que ceux employés par l'église pour faire pratiquer les testaments. L'église refusa l'absolution, le viatique et la sépulture à ceux qui mouraient sans avoir fait des legs pieux : elle assimila les *intestats* aux *désespérés* et aux *déconfès*, c'est-à-dire à ceux qui s'étaient tués eux-mêmes, ou mouraient sans confession, soit à cause de mort subite, soit par un refus formel. Comme tels, les intestats étaient censés damnés, et les seigneurs s'emparaient de leurs successions mobiliaires. Les parents des intestats furent investis d'un droit assez étrange ; c'était de faire *au nom du défunt* un testament *ampliatif*, dans lequel on réparait son omission en faveur de l'église (1).

Un arrêt du parlement, de 1406, vint mettre un terme à ces abus.

Il paraîtrait, cependant, que les fidèles allaient eux-mêmes au-devant de ces volontés de l'église ; car on voit dans un concile, tenu à Mayence en l'année 813, que les saints Pères, là réunis, enjoignaient aux évêques de veiller à ce que les héritiers, par des legs pieux trop abondants, ne fussent privés des biens qui leur étaient nécessaires.

Mais les testaments rencontrèrent des obstacles ailleurs que dans la répugnance des pères de famille à appauvrir les leurs. Dans les premiers temps, il arrivait que les héritiers d'un défunt s'emparaient de force de ses biens, et en chassaient les légataires. C'est une des plaintes d'Agobard dans sa fameuse lettre à Louis le Débonnaire, *contre la loi Gombette*. Pour réprimer cette violence, les évêques se faisaient les exécuteurs des testaments et distribuaient eux-mêmes les legs.

Plus tard, encore, les seigneurs s'emparaient avec impunité des biens que la mort d'un homme laissait vacants en apparence. Les testateurs, pour assurer l'exécution de leurs volontés dernières, avaient recours à un moyen semblable aux *mancipatio* et *nuncupatio*, par lesquelles les pères de famille à Rome s'épargnaient les formalités des testaments *in calatis comitiis*. Pendant leur vie, ils donnaient leurs biens à un tiers, et lui en faisaient acquérir la saisine, avant leur mort, par la possession d'un an et d'un jour. Le tiers, ainsi saisi, devenait un exécuteur testamentaire ; lequel, de

---

(1) On a trouvé dans le prieuré de Saint-Vincent de Loudun un de ces testaments, par lequel Alain et Gaultier de Neuville déclarent qu'ils font un testament *au lieu* et *place*, et *par représentation* du défunt Pierre, leurs frère, et *pour le salut de son âme*, *lèguent trois muids de vin* aux moines qui desservent la chapelle, à condition qu'ils feront tous les ans un service pour lui.

son chef, mais conformément à la volonté du défunt, distribuait les choses de l'hérédité.

Cependant, les testaments prévalurent à travers tous ces efforts et ces difficultés. Mais ils n'eurent généralement, dans les coutumes, que la force de *codicilles*, et n'instituèrent point d'héritiers. Quelques coutumes seulement admirent l'institution d'héritier par testament.

Les formes des testaments sont celles que le droit canonique a établies : le testament pouvait être écrit et signé de la main du testateur, — fait par-devant le curé de la paroisse du testateur, ou son vicaire général et un notaire, — par-devant le curé et trois témoins, — par-devant deux notaires, — par-devant un notaire et trois témoins.

Si les testaments contenaient des substitutions, fidéi-commis, etc., ils devaient être publiés, insinués, et enregistrés aux greffes des juridictions royales, trois mois après la mort du testateur.

On ne pouvait disposer par testament que des meubles, des acquêts immeubles, et de la cinquième partie des propres.

Selon la coutume de Paris, pour tester des meubles et des acquêts immeubles, il fallait l'âge de vingt ans ; et l'âge de vingt-cinq ans, pour tester du cinquième des propres ; à moins que le testateur n'eût que des propres, auquel cas il en pouvait disposer à vingt ans.

Nous n'avons pas besoin de dire que les coutumes offrent sur tous ces objets une très-grande variété.

Il y avait, en outre, plusieurs moyens par lesquels on pouvait disposer de ses biens gratuitement et pour un temps postérieur à la mort; entre autres les donations à cause de mort, et les institutions d'héritier par contrat de mariage. — Les époux, stipulant que le survivant succédera au prédécédé, dans le cas où ils n'auront point d'enfants. — Une veuve se remariant, reconnaissant à son mari le droit de prendre dans sa succession une part d'enfant. — Les conjoints instituant l'aîné des enfants qu'ils auront. — Un étranger intervenant dans le contrat pour faire héritier un des conjoints ou l'aîné de leurs enfants. — Des pères et mères mariant leur aîné comme *héritier principal*. — Des pères et mères mariant et dotant un de leurs enfants, avec promesse de lui conserver sa part héréditaire. — Un oncle appelant par contrat de mariage des neveux à sa succession, etc.

La subtilité des jurisconsultes avait trouvé des moyens

pour convertir, à l'aide d'une aliénation temporaire ou jouée, un propre en un acquêt.

Enfin, dans les coutumes où la représentation n'était pas généralement admise, le père de famille pouvait expressément *rappeler* à sa succession celui qui en était exclu, autrement que par indignité ou incapacité radicale. C'était le droit connu sous le nom de *rappel*. Si le rappelé était formellement exclu, on ne pouvait disposer à son égard que des biens disponibles par testament en faveur d'un étranger. Les rappelés étaient héritiers dans les coutumes qui permettaient le rappel; simples légataires ailleurs. En ligne directe, le rappel profitait à tous ceux qui étaient au même degré que le rappelé : en ligne collatérale il ne profitait qu'au rappelé.

2. A défaut de légataires, ou concurremment avec eux, il y avait lieu à la succession des héritiers légitimes.

Ces héritiers étaient de trois ordres, les descendants, les ascendants, les collatéraux.

Les biens qu'ils se partageaient étaient nobles ou roturiers, propres ou acquêts.

De là des droits divers et des partages différents.

3. Comme toute succession emportait le dépouillement du premier propriétaire et l'investissement du second; comme toute propriété, moins l'allodiale, était une possession précaire, dont un seigneur, féodal ou censier, avait le domaine; toute succession ne pouvait se faire que par l'entremise du seigneur, au moyen de ce que les coutumiers appellent le *vest* et le *devest*; le relief pour les biens nobles, l'ensaisinement pour les biens roturiers. Afin d'éviter les embarras et les dépenses de ce *vest* et *devest*, avec l'affaiblissement de la tenure féodale et censuelle, on introduisit la maxime que le *mort saisit le vif*, c'est-à-dire, que le *mort investissait* et mettait lui-même en possession, sans l'entremise du seigneur dominant, le vif ou son héritier.

Telle est l'origine de la saisine en fait de succession. Dans quelques endroits, la saisine n'avait lieu que par tolérance du seigneur, et ne devenait irrévocable qu'après une possession d'un an et d'un jour.

Jean Desmares nous apprend que de son temps la maxime, le *mort saisit le vif*, ne s'appliquait pas en tous les pays. « Mort, dit-il, saisit son hoir vif, combien que particulièrement il y ait coutume locale où il faut nécessairement saisine du seigneur. » Le *Grand Coutumier* explique fort bien le sens et la valeur de la maxime dont nous parlons : « La coutume qui dit que le mort saisit le vif est à entendre en ligne directe et en ligne collatérale, *saisina juris tantummodò, et non facti*, par la manière qui s'ensuit : C'est à savoir que si notoirement il appert de la ligne et du lignage, le successeur en est du tout saisi de droit, et *ne lui est nécessaire d'aller, ni au seigneur, ni au juge*, ni *autre;* mais, de son *autorité*, se peut de fait ensaisiner, et à lui est nécessaire cette appréhension de fait avant qu'il se puisse dire avoir entière saisine; et *si c'est un fief noble, saisine de droit n'est acquise* sans foi ; car le seigneur direct est *avant saisi* que l'héritier : mais par faire hommage et par relief, le seigneur direct doit saisir l'héritier..... »

La saisine a d'abord prévalu pour les héritiers en ligne directe : elle ne s'est appliquée que difficilement, et peu généralement, aux héritiers collatéraux ; jamais aux légataires, si ce n'est dans les coutumes qui admettent l'institution d'héritier par testament.

Au reste, la saisine n'emportait pas la nécessité d'être héritier : à la différence du droit romain les coutumes proclament que « *n'est héritier qui ne veut.* »

4. Un autre principe, qui tient au précédent, c'est celui de la *Représentation*. Si le mort saisit le vif, c'est en vertu d'une propriété qui est commune à l'auteur et à ses héritiers. Si chaque héritier est ainsi copropriétaire, prémourant, il doit laisser à ses propres héritiers, avec tous ses biens, son droit à la copropriété de la chose de l'auteur commun encore vivant. De là, les héritiers du prémourant doivent le représenter dans la succession de l'auteur commun.

Cependant, par suite des mêmes difficultés qui s'opposaient à l'introduction de la maxime de la saisine, la représentation a prévalu avec peine dans l'ordre des héritiers directs, peu généralement dans l'ordre des héritiers collatéraux.

C'est pour subvenir au défaut du principe de la représentation que quelques coutumes ont admis le *droit de rappel*, dont nous venons de parler plus haut. On trouve le rappel établi dans une formule de Marculphe, etc., où un père convoque à sa succession les petits-fils en même temps que les fils ; car, malgré l'édit de Childebert de 595, dont la clause première avait ordonné le représentation en ligne directe, la représentation n'était pas admise par les lois barbares, non point à cause du domaine éminent des seigneurs, et de l'interruption de la copropriété entre l'auteur et ses héritiers ; mais à cause du lien relâché, qui unissait alors la famille : un homme étant mort avant l'ouverture de son droit au partage de la succession de son père, il ne transmettait point à ses héritiers ce qu'il n'avait pas eu lui-même ; et les Barbares n'avaient pas la subtilité d'imaginer la fiction d'une copropriété entre le père et le fils, et passant de ce fils à ses héritiers.

Pendant longtemps il en fut ainsi, selon la coutume du droit barbare. Mais dans le Xe siècle, les jurisconsultes disputant beaucoup entre eux s'il fallait admettre ou non la représentation, l'empereur Othon II remit la question au jugement de Dieu, et la fit décider par quatre champions : les champions des oncles furent vaincus, et les petits-fils vinrent à la succession de l'aïeul en concurrence avec eux. On rapporte cette décision solennelle à l'année 943.

Cependant, la représentation ne fut admise que bien plus tard en France, et jamais généralement. Selon Jean Desmares, à Paris elle n'était admise, au quatorzième siècle, ni en ligne directe, ni en ligne collatérale, mais dans le cas seulement où elle avait été stipulée par contrat de mariage.

Dans les coutumes officiellement rédigées, la représentation, en général, est admise indéfiniment dans la ligne directe; pour les enfants des frères seulement, dans la ligne collatérale. Quelques coutumes distinguent, selon que les biens sont ou non roturiers, auquel cas elles permettent ou non la représentation. Quelques-unes encore prohibent toute représentation.

5. Avant de passer à l'examen des trois ordres de succession, il nous faut traiter en particulier des biens propres.

Les biens *propres*, et comme les appellent quelques vieux auteurs, les biens *avitins* et *papoaux*, du grec πάππὸς (aïeul), étaient la propriété de la famille. Ils consistaient tous en immeubles, ou meubles immobilisés. Ils devenaient tels par leur transmission, pour quelque cause que ce fût, du parent d'une ligne à un autre parent de cette même ligne. Selon quelques auteurs, le bien transmis en ligne directe était seul propre, et l'on disait généralement : « *L'acquêt du père est le propre de l'enfant.* »

Le bien une fois constitué propre ne pouvait plus sortir de la famille : pour l'aliéner il fallait autrefois le consentement des héritiers présomptifs, ou bien l'instance d'une misère impérieuse, ce que l'on appelait une *pauvreté jurée*, ou authentiquement attestée. Bouteillier nous apprend qu'on pouvait échanger un propre contre un bien d'égale valeur, lequel devenait propre à la place du premier.

Les propres étaient si bien la propriété de la famille, que, d'après l'avis de Dumoulin, de Bodin et de plusieurs légistes, ils ne devaient point être compris dans les confiscations de biens qu'un criminel pouvait encourir.

6. Si le père de famille aliénait le propre, le parent du côté et ligne dont l'héritage aliéné dérivait, avait le droit de faire rescinder l'aliénation, moyennant restitution du prix, et de reprendre le propre dans les mains de l'étranger acquéreur. C'était le droit connu sous le nom de *Retrait lignager*, et quelquefois de droit de *retractation*, de *premesse*, de *prisme*, de *prim*, ce qui équivalait à droit de préférence.

Le retrait lignager se retrouve dans les formules du droit de la première et seconde race de nos rois. On peut le voir aussi dans la loi des Saxons et ailleurs, où le propriétaire ne peut vendre valablement son bien que du consentement de son héritier présomptif.

Le retrait lignager ne pouvait être exercé que par le parent du côté et ligne, dont l'héritage propre aliéné dérivait; et seulement, dans le cas de vente ou de tout autre acte équipollent. En permutation non frauduleuse, le retrait n'avait point lieu. L'action en retrait ne pouvait être intentée que dans l'intervalle d'un an et d'un jour, à dater de l'acceptation en foi et en hommage de l'acquéreur, s'il s'agissait d'un fief; à dater de l'ensaisinement, s'il s'agissait d'un bien en censive; à dater de l'insinuation de l'acte de vente, s'il s'agissait d'un alleu. Ce délai était de rigueur, et courait contre les mineurs. Le retrait lignager ne pouvait s'exercer que contre un acquéreur étranger à la ligne duquel le propre dérivait. Il se notifiait, sous peine de déchéance, par une assignation revêtue de nombreuses formalités. Enfin, il était préféré au retrait seigneurial lui-même, et s'exerçait avant lui. Il va sans dire que le retrayant était tenu de restituer à l'acquéreur évincé le prix de son acquisition.

7. Une observation qu'il est important de faire, c'est que dans une société guerrière, et dont les biens obligeaient à

des services militaires, il s'était naturellement perpétué, ce que nous avons vu dans les lois barbares, sinon l'exclusion des femmes à la succession de certains biens, du moins un droit inférieur, et une certaine facilité à les exclure de la succession des fiefs, des propres, des immeubles. De là, l'usage d'assigner aux filles, en les mariant, une certaine dot, qui leur enlevait tout droit à la succession des père et mère. On appelait *mariages avenants* ceux où une telle exclusion, moyennant dot pécuniaire, était formellement repoussée. De là, le droit laissé au seigneur des fiefs, dont des filles étaient héritières, de leur choisir et imposer un époux. De là, leur exclusion à la succession du trône, et à certains duchés et comtés; de là, enfin, des règles moins favorables au sujet de la représentation, du droit d'aînesse, et de la fixation de la légitime. Les femmes n'en étaient pas moins bien traitées, pour ces différences; car, mariées, elles avaient le douaire, la communauté, dans les pays coutumiers, et dans les pays de droit écrit, l'augment de dot et une liberté plus grande relativement à leurs biens propres.

8. Après l'explication de ces règles générales, disons un mot de chacun des trois ordres de succession.

Les héritiers en ligne directe descendante avaient une légitime, qui était, ordinairement, de la moitié de tous les biens du père ou ascendant, que chaque enfant aurait eu si le père ou l'ascendant n'avait fait ni donation ni testament. Toute libéralité, qui laissait aux enfants moins de cette moitié, était révocable ou réductible jusqu'aux limites qu'elle ne pouvait pas dépasser. Les dettes et les frais funéraires étaient déduits sur le tout. Les coutumes, au reste, ne sont point d'accord sur la fixation de la légitime des enfants. Quelques-unes s'en tiennent à la légitime du droit romain; d'autres ne la déterminent point. Une coutume de Bordeaux, pays de droit écrit, dispose qu'entre nobles la légitime est pour les mâles la moitié en terres, la moitié en argent, et pour les filles, la moitié en argent seulement. Selon la coutume de Bourgogne, la légitime est de la moitié ou du tiers, d'après le nombre des héritiers.

Les héritiers de la ligne directe descendante jouissaient tous de la saisine, et généralement de la représentation jusqu'à l'infini. Ils ne devaient pas le relief, mais seulement la foi et l'hommage pour leurs biens nobles. Une égalité sévère était exercée dans leurs partages : ils ne pouvaient être en même temps héritiers et donataires ou légataires. Comme, dans la plupart des coutumes, le douaire n'était qu'un droit d'usufruit viager en faveur de la veuve, les fils retenant la nue-propriété, on disait encore que les héritiers directs descendants ne pouvaient être héritiers et douairiers Ils devaient opter entre le don, le legs, le douaire et l'hérédité. S'ils optaient pour le don, ils étaient considérés comme des étrangers, et leur part héréditaire accroissait aux autres héritiers.

Les héritiers de la ligne directe descendante devaient rapporter à la succession tout ce qu'ils avaient reçu du défunt, indépendamment des frais de leur nourriture, entretien et éducation.

9. Mais, cette sévère égalité souffrait une grave exception, dans le cas où les biens étaient nobles, en tout ou en partie : il y avait lieu alors au préciput, et à la part plus grande de l'aîné.

Le droit d'Aînesse dérive surtout des livres saints, dans lesquels il est fréquemment parlé avec préférence des premiers-nés. D'après le Deutéronome, le premier né doit prendre dans l'hérédité de son père, le double de ce que prennent les autres enfants. Dans de vieilles Chartres, on voit l'Église, fidèle à ces inspirations, donner des terres à titre précaire, et transmissibles seulement à l'aîné des enfants du donataire.

A cette influence des Écritures, il faut ajouter la joie que cause la naissance du premier-né ; tout l'amour des parents qui se porte sur ce premier fruit de leur union, et cette ancienne croyance que le premier-né avait le plus de la vigueur de ses parents.

Dans les premiers temps, l'aîné prenait tout le fief. Par la suite, les aînés partagèrent avec les puînés : mais ils eurent toujours : 1° un préciput, consistant; en le principal manoir ou chef-lieu du fief, plus la cour, le jardin et *le vol d'un chapon*, ou un peu plus d'un arpent de terre à l'entour du manoir ;—en *le nom*, *le cri* et *les armes pleines*, c'est-à-dire le titre, la devise et les armoiries du défunt;—2°, et outre le préciput, les aînés eurent dans l'hérédité une part plus grande que leurs frères et sœurs; en général, les deux tiers, s'ils étaient deux ; la moitié, s'ils étaient plus de deux.

On peut dire que tous les avantages attachés au droit d'aînesse étaient un préciput : car, dans les dettes, les aînés ne supportaient qu'une part virile, et le lot d'un cohéritier renonçant ou défaillant ne leur accroissait pas proportionnellement à leur émolument, mais pour une part égale à celle des autres cohéritiers moins-prenants.

La renonciation au droit d'aînesse, faite avant l'ouverture de la succession, était nulle. En général, il n'y avait de droit d'aînesse que dans la ligne directe descendante, et entre héritiers mâles. Le puîné mâle avait le droit d'aînesse sur sa sœur née avant lui.

Au reste, les coutumes avaient sur le droit d'aînesse des dispositions très-variées. Henri Klimrath a compté parmi elles treize systèmes (1).

Nous ne croyons pas utile de répéter que le droit d'aînesse n'avait lieu que pour les biens nobles; mais qu'on l'établissait quelquefois, d'une manière analogue, sur les biens roturiers, par contrat de mariage.

C'est surtout pour la succession aux biens nobles qu'il s'était produit l'usage d'exclure les filles, une fois apanagées dans leur contrat de mariage.

Peut-être, devons-nous rappeler ici une règle, que nous avons émise en parlant des serfs, savoir : que les fils ne succédaient aux pères, en excluant le seigneur, qu'autant qu'ils étaient de même condition, et encore sous leur autorité, ou en *Celle* de leurs parents, c'est-à-dire ne *faisant point feu et pot à part*.

10. Les père et mère succédaient à leurs fils pour les meubles, acquêts et conquêts immeubles; à défaut des père et mère, l'aïeul, l'aïeule, et les autres ascendants.

Les ascendants, en outre, avaient l'usufruit des biens propres délaissés par leurs enfants morts sans postérité. Après le décès des père et mère, aïeul et aïeule, usufruitiers, les biens propres retournaient en pleine propriété aux plus proches parents desdits enfants, desquels procédaient lesdits biens.

Une règle connue proclamait : « *Propres ne remontent* ». C'était une ancienne règle de la succession des fiefs : *Feudum non ascendit;* car les fiefs étant presque tous primitivement militaires, devaient être servis par des hommes jeunes et forts. Plus tard cette même règle s'appliqua à tous

(1) Voyez *Etudes sur les coutumes*, par Henri Klimrath, dans la *Revue de législation et de jurisprudence*, t. V, VI.

les propres, nobles ou roturiers, et même dans quelques coutumes, à tous les immeubles. Mais en s'appliquant à des biens différents des fiefs, et pour un intérêt également différent, la maxime que *les propres ne remontent*, n'a plus signifié que ceci : Les propres doivent, autant que possible, se garder dans la ligne et parenté, desquelles ils dérivent : car, il n'est point vrai de dire que les propres ne remontent jamais, sous l'empire des coutumes. Tant qu'il y a des descendants en ligne directe, ou des collatéraux descendus du premier acquéreur en pareil degré avec les ascendants, les propres ne remontent point, c'est-à-dire ne sortent point de la ligne ; mais ils remontent, et ici ils ne sortent pas de la ligne, 1° lorsque les père et mère succèdent aux propres de leurs enfants, par eux donnés à ces enfants en avancement d'hoirie ; 2° lorsque l'aïeul succède à l'acquêt fait par son fils, devenu propre naissant en la personne de son petit-fils décédé, sans enfants et sans frères ; 3° lorsque les ascendants succèdent à défaut de tous autres parents, même lignagers.

11. Les héritiers en ligne collatérale succèdent, à défaut des ascendants, ou en concurrence avec eux, aux biens meubles et conquêts immeubles. Mais ce qui distingue particulièrement cet ordre de succession, c'est que les collatéraux, du côté et ligne desquels les propres sont venus, succèdent seuls aux propres, même lorsqu'ils ne sont pas les plus proches parents du défunt, même lorsqu'ils ont été exclus par le défunt, à l'aide d'un testament, de la succession de tous ses biens.

On avait tiré de ce droit exclusif des parents du côté et ligne desquels les propres étaient venus, cette règle célèbre : *Paterna paternis, materna maternis.*

On appelait coutumes *souchères* celles où, pour succéder à un propre, il fallait être issu du premier acquéreur, et où, à défaut de tels héritiers, le propre se partageait et se distribuait comme un acquêt.

On appelait encore coutumes du *double lien* quelques coutumes en petit nombre, où l'on disposait que pour le partage des successions en ligne collatérale, les frères ou sœurs, issus seulement d'un même père ou d'une même mère, ne devaient point succéder également avec les frères ou sœurs issus des mêmes père et mère.

C'est dans la succession des héritiers, en ligne collatérale, que l'on rencontre le plus de variété dans les coutumes.

A la différence des héritiers directs, les héritiers collatéraux ne jouissent généralement ni de la saisine, ni de la représentation à l'infini. Le plus souvent ils doivent, outre la foi et l'hommage, le relief ou rachat, c'est-à-dire le prix de l'investiture des biens héréditaires par le seigneur. Les femmes sont plus sacrifiées dans la succession en ligne collatérale. On rencontre quelquefois le droit d'aînesse parmi les collatéraux.

En général, les collatéraux peuvent être exclus de toute hérédité à l'aide de testaments, de donations ou d'institutions contractuelles

12. A défaut d'héritiers légitimes, d'héritiers constitués, de légataires, de donataires à cause de mort, les biens d'un défunt étaient vacants par déshérence. Il y avait encore déshérence dans tous les cas où les individus, qui laissaient des biens en mourant, avaient été privés par la loi (1) comme les bâtards, par la coutume comme les aubains, du droit d'avoir des héritiers. Comme les seigneurs hauts-justiciers avaient une pleine souveraineté sur toutes les choses, et par occasion sur toutes les personnes de leurs domaines, les seigneurs hauts-justiciers avaient le droit de s'emparer des biens vacants par déshérence. Mais le roi s'étant déclaré, comme nous l'avons dit souvent, le souverain fieffeux du royaume, toute propriété générale et dominante se trouva dans ses mains; et les biens vacants par déshérence durent lui appartenir. Il s'arrogea ainsi les successions des aubains, et dans la plupart des cas celles des bâtards. Cependant, les seigneurs gardèrent les profits de la déshérence qui arrivait le moins souvent, celle des défunts ayant le droit d'avoir des héritiers, mais ne laissant ni testament, ni parents au degré successible. Il faut voir dans le *Traité de déshérence*

(1) Dans les désordres du moyen âge, les bâtards formèrent un peuple nombreux et redoutable par ses audaces : ils portaient les armes de leurs pères; mais barrées; on les pouvait avouer; ils succédaient et se distinguaient, comme les fils légitimes, en nobles et en bourgeois. Dès le commencement de la troisième race, on sévit sévèrement contre eux, et ils furent réduits à la fin à un état assez misérable. A défaut d'héritiers directs légitimes, les bâtards avaient pour héritiers le roi ou les seigneurs, mais ceux-ci seulement dans le cas où les bâtards étaient nés, demeurant et décédés sur les domaines d'un même seigneur.

de Bacquet avec quels regrets les partisans de la royauté accordaient aux seigneurs ce lambeau de leur ancienne puissance : « Toutes fois (dit Bacquet, après avoir prouvé que le droit de déshérence est royal), toutes fois le roy *ayant fait ce bien et cet honneur* aux ducs, marquis, comtes et aultres seigneurs de son royaume, de leur *donner* ou plus tôt *communiquer* le droit de haulte, moyenne et basse justice, en leurs terres et seigneuries; *sous l'ombre de leur haulte justice*, ils ont *entrepris* le droit de déshérence sur le roy..... et cette entreprise a été tellement tolérée en France, qu'il est pour le jourd'hui sans doute, que le droit de déshérence appartient au *hault-justicier* » (1).

Ces allégations de Bacquet n'ont de vrai que leur conclusion : car les droits de justice des seigneurs ont préexisté aux droits des rois de la troisième race, et par conséquent ne peuvent être ni des concessions ni des usurpations. C'est la royauté seule qui a usurpé ; mais, comme elle l'a fait pour le bien de la France, il faut appeler cette usurpation par son nom véritable, qui est celui de sage et habile gouvernement.

Nous n'avons point expliqué toutes les institutions coutumières, mais quelques-unes de celles qui sont relatives au seul droit civil.

---

(1) Jean Bacquet a vécu dans le seizième siècle ; il était conseiller et avocat du roi à la chambre du trésor à Paris, et en même temps avocat au parlement. Il plaidait peu, compilait beaucoup, et écoutait encore mieux. On le voyait toujours derrière le barreau, prenant note de tous les points remarquables des plaidoiries et arrêts, et poursuivant les avocats et les juges, pour se faire expliquer ce qu'il n'avait pas bien compris. Pendant que personne ne faisait attention à lui, il entassait les matériaux de divers sujets relatifs au domaine royal. Il est auteur de plusieurs traités qui ont beaucoup servi le roi, et lui ont mérité l'honneur d'être le plus complet et le plus clair de nos domanistes anciens. On cite de lui une réponse maligne qui, en considération de l'esprit qui ne règne point dans les ouvrages de Bacquet, il ne faut peut-être prendre que pour ingénue : Chopin lui reprochant un jour d'avoir pillé son traité *de Domanio*, écrit en latin assez barbare, Bacquet lui répondit : « Je l'aurais bien voulu faire : mais il faut que je vous confesse qu'ayant voulu lire votre latin, je ne l'ai pu comprendre. »

Ceci n'est pas un tableau des coutumes, mais quelques lignes d'un tel tableau, dont la moindre partie, étant complète, dépasserait toutes les limites de notre Précis.

Puissent ces quelques institutions, indiquées à leur origine bien moins qu'exposées dans leurs développements, servir au moins à donner une idée de ce qui était le droit coutumier de la France !

TROISIÈME PARTIE

ASSIMILATION.

SOMMAIRE.

I. Récapitulation. Objet de cette troisième partie. — II. Idée générale de l'action des rois et des légistes sur le droit. — Action des rois (1). — Action des légistes (2) — Codifications partielles (3). — III. Manie extrême des réformes (4). — IV. Rédaction du Code civil.

I. Dans la première partie, nous avons tâché de dire quels éléments avaient concouru à la formation du droit français. Dans la seconde, nous avons vu que ces éléments avaient formé deux droits distincts, le droit écrit et le droit coutumier, représentant deux pays et deux civilisations différentes.

Nous avons indiqué les traits principaux du droit coutumier.

Il nous faudrait montrer, dans cette troisième et dernière partie, comment ces deux droits se sont confondus en un droit unique, sous l'influence d'une assimilation générale, qui a fait de provinces et de civilisations diverses, un seul pays vivant d'une même civilisation.

Ce fut l'œuvre de la royauté, de la science juridique et de la jurisprudence des cours souveraines.

Nous ne pouvons nous étendre sur ces trois sujets, qui seraient l'histoire de la politique, de l'administration, de la science du droit et de la jurisprudence. Il faut nous borner à constater des résultats, sans en montrer la génération, trop éloignée du sujet spécial que nous nous sommes proposé.

II. Nos rois, sous la première et la seconde race, se sont efforcés de gouverner les peuples que la conquête avait réunis sous leur empire. Ils se sont aidés du pouvoir de l'Église et des souvenirs de la domination romaine. Mais ils ont échoué contre des peuples trop divers, pour vivre sous un même commandement, trop inhabitués à la discipline civile, pour obéir à des lois.

C'est la féodalité qui seule a pu réaliser un ordre social.

C'est l'Église qui, dans l'asservissement féodal, a maintenu les préceptes du bien, et fourni l'exemple d'un ordre social meilleur.

Quand, par l'établissement des libertés communales, une nouvelle classe de personnes se trouva créée, hostile aux seigneurs féodaux, la royauté sortit de son inactivité; elle avait été un vain droit, elle devint un fait puissant, irrésistible.

La royauté se trouvait embarrassée de deux grands adversaires, les seigneurs féodaux et le pouvoir temporel de Rome sur tous les royaumes chrétiens. Elle s'en est affranchie par une longue lutte, avec l'aide des bourgeois et des hommes du tiers.

Après s'être mis à la tête de la mouvance féodale, les rois ont modifié à leur gré la mouvance féodale.

Après s'être constitués les représentants de Dieu de la terre; après avoir posé leur puissance dans les choses temporelles, égale à celle des papes dans les choses spirituelles, les rois ont forcé l'église à se tenir dans son empire sur la foi et la hiérarchie canonique.

Les communes ont fourni à la royauté des soldats, de l'argent, et ce qui vaut mieux pour l'établissement d'un ordre social durable, des conseillers dévoués et savants.

Ce sont les légistes qui ont formulé le programme des droits de la royauté; ce sont les parlements qui ont constamment veillé à la réalisation et au maintien des droits de la royauté.

C'est le droit romain, nourriture vivifiante des légistes, qui a été la substance féconde de laquelle ils ont tiré toutes leurs maximes nouvelles.

Le droit romain porte l'idée d'un état public et d'une loi dominante : il donne pour représentant de l'une et de l'autre un empereur, un roi.—Le droit romain porte, avec l'état et la loi, l'idée de la liberté individuelle, que l'état doit protéger, et la loi seule diriger.

Le droit romain est vivifié dans ses nombreuses dispositions par l'idée de l'égalité humaine.

Or, tout cela était inconnu au monde féodal, qui, au lieu de l'état, présentait des fiefs innombrables; au lieu de la loi, l'engagement personnel; au lieu de la liberté régulière, l'esclavage des vassaux et des serfs, et l'indépendance anarchique des maîtres ; au lieu de l'égalité, l'enchaînement des hommes à la terre, et leur hiérarchie par les terres qu'ils possédaient.

On argumentait à juste titre du droit romain, car il était la loi d'une grande partie de la France ; car l'Église l'avait maintenu par ses décrétales : car les rois en avaient institué l'enseignement bien avant l'institution de l'enseignement du droit français lui-même ; car de nombreuses coutumes l'invoquaient comme loi supplétive ; car presque toutes les coutumes lui avaient emprunté quelques-unes de leurs institutions ; car, selon une ancienne tradition, les premiers rois de France avaient succédé dans les Gaules aux droits souverains des empereurs de Rome ; car il était, enfin, la raison civile la plus sage et la plus complète.

1. C'est à Philippe IV, dit le Bel, que commence l'empire de la royauté sur toutes les parties diverses qui furent plus tard un seul pays, la France.

Pour nous en tenir à ce qui concerne les lois civiles, il faut remarquer que la royauté s'est réservé deux devoirs : faire constater les coutumes pour la meilleure administration de la justice ; et puis, modifier les coutumes.

Une maxime ancienne, toute sortie de l'indépendance germanique, avait établi dans les cœurs des peuples que la loi était la coutume propre à chacun ; qu'elle ne dérivait d'aucune volonté supérieure, mais qu'elle était le résultat des habitudes communes à un certain nombre d'indigènes ; que, partant, elle ne pouvait pas être changée par ceux qui n'avaient point le droit de la donner.

On rencontre bien dans l'histoire du moyen âge des concessions de coutumes ; mais ces concessions ne consistent qu'en priviléges contestés, stipulés, garantis.

Aussi, ce fut une grande tentative de la royauté, lors de la rédaction officielle des coutumes, d'introduire des commissaires royaux dans les assemblées locales, pour modifier les dispositions des coutumes, et de soumettre les coutumes à l'approbation du Grand Conseil et à l'enregistrement des cours souveraines.

La royauté alla plus loin : elle ordonna une réformation des principales coutumes, et en tarit à jamais la source par la défense formelle des *enquêtes par tourbes*, et de toutes allégations non contenues dans les coutumes rédigées.

Une fois fixées par écrit, et faites irrévocables, les coutumes subirent une modification incessante; laquelle ne vint plus de leur libre développement, mais de la législation royale, de la science juridique, de la jurisprudence des cours souveraines.

Le roi seul eut le pouvoir de faire des lois, et, partant, de modifier les anciennes. Il les modifia incessamment dans le sens de l'extinction des droits seigneuriaux et de l'établissement d'une administration sage et unique. Quant à leur perfection et utilité plus grandes, il s'en reposa sur ses légistes officiels et non officiels, les théoriciens, les avocats, les juges.

L'immense recueil de nos ordonnances ne concerne que les luttes de la politique, de l'administration, l'établissement de la juridiction royale, la procédure, le droit pénal. Quelques ordonnances seulement statuent sur le droit civil (1).

2. La science juridique, ni la jurisprudence des tribunaux, ne faillirent à la correction des lois. Pendant que les rois composaient, défendaient et augmentaient la France, les légistes préparèrent une loi rationnelle, équitable et uniforme.

Après les anciens coutumistes et les premiers glossateurs, il s'éleva en France, au seizième siècle, des écoles de jurisconsultes, qui furent les plus savants et les plus habiles de l'Europe, et acquirent à notre pays, dans l'étude des lois, cette première place qu'il a toujours eue dans le fait des armes et des batailles.

Semblables aux jurisconsultes prétoriens de Rome, nos jurisconsultes français, le cœur toujours plein des besoins de leur temps, ont vivifié et réformé la lettre des lois avec l'esprit d'une équité pleine de sens.

C'est là ce qui les distingue des jurisconsultes étrangers,

---

(1) Les personnes qui désirent connaître le droit de nos ordonnances peuvent consulter la Collection des lois françaises par MM. Isambert, Taillandier, Jourdan et de Crusy. Cet abrégé de nos anciennes et nouvelles collections forme 29 volumes in-8°; le 29e volume est une table par lettres alphabétiques, dont l'exactitude fait le plus grand honneur aux hommes dévoués qui y ont donné leurs soins. Mais nous recommandons surtout à nos lecteurs l'exposition que M. Laferrière, dans son premier volume (p. 271-516) de l'Histoire du droit français, a consacrée aux ordonnances.

et il faut bien se garder de prendre au mot un des plus grands d'entre eux, lorsqu'aux discussions politiques et religieuses de ses contemporains, il répondait : *Nihil hoc ad edictum prætoris.*

La science juridique a exercé en France, sur les lois, une influence constante et immédiate.

Dans les treizième, quatorzième et quinzième siècles, c'est avec la science du droit romain et des décrétales, que les jurisconsultes suppléaient aux coutumes, les corrigeaient, fournissaient des maximes aux rois, et organisaient la juridiction royale.

Aux seizième et dix-septième siècles, un mémorable jurisconsulte eut la plus grande part dans toutes les modifications des coutumes rédigées : les notes et apostilles de Dumoulin furent presque toutes adoptées dans les rédactions et réformations des coutumes (1).

Chopin écrivit dans un traité du domaine tous les droits et prérogatives de la royauté : il en reçut des lettres d'anoblissement, et son livre resta comme un texte officiel. Bacquet imita son exemple, et mérita de lui être comparé (2).

Un jurisconsulte, Pierre Pithou, exposa et prouva les libertés de l'église gallicane avec tant de simplicité, de force et de science, que son livre en demeura le monument inébranlable, et mérita d'être cité comme un texte officiel (3).

---

(1) La vie de Dumoulin est trop connue pour que nous la rapportions ici. Qu'il nous suffise de citer ces paroles de de Thou : « Charles Dumoulin, grand et célèbre jurisconsulte, dont le nom fut en grande vénération, non-seulement par son jugement solide et sa profonde vénération, mais aussi par la probité et la sainteté de ses mœurs ; homme consommé dans la science du droit français ancien et moderne, et très-zélé pour sa patrie. »

(2) Chopin (René), né à Bailleul, près la Flèche, en Anjou, mai 1537, — mort à Paris le 2 février 1606. — Il est auteur de plusieurs ouvrages, dont les principaux sont : *De Sacrâ politiâ monasticon, de domanio coronæ Franciæ*, pour lesquels il reçut de Henri III des lettres d'anoblissement. Il était ardent ligueur, et présageait de si grands malheurs de l'avénement de Henri IV au trône, que sa femme, surabondamment imbue par lui de ces craintes, mourut subitement de peur, le 22 mai 1594, en apprenant l'entrée de Henri IV à Paris. — Chopin fut exilé par Henri IV, puis rappelé. Il mérita cette épigraphe : *Pluribus horis rei publicæ vixit quàm suæ.*

(3) Pierre Pithou, né à Troyes en Champagne, en 1539, mort à No-

Mais un vœu fortement émis par Dumoulin fut poursuivi dans sa réalisation avec le plus de constance et d'unanimité; l'accord de toutes les lois diverses de la France en une loi unique. Louis XI avait dit qu'il ne voulait *qu'un poids, qu'une mesure et qu'une loi.* Dumoulin, à presque tous les maux du royaume, répondait par la nécessité de réduire toutes les coutumes en une seule.

Il s'éleva alors une grande question, pour savoir à quelle loi il fallait surtout ramener toutes les autres. Les uns proposant les principes identiques des coutumes et du droit romain; les autres, le droit romain tout seul; quelques-uns admettant la distinction du droit romain et des coutumes, et la réduction de celles-ci à la coutume de Paris.

Ce fut dans les loisirs que la monarchie fit à la France, dans les dix-septième et dix-huitième siècles, que les jurisconsultes purent accomplir, du moins en théorie, l'œuvre de cette assimilation.

Mais, pour ramener toutes les lois à l'unité, on dut renoncer à la préférence de telle ou telle coutume en particulier. Il fallut remonter plus haut.

Les jurisconsultes de Rome avaient modifié le droit civil à l'aide des principes du droit des gens et du droit naturel. Les jurisconsultes français prirent de même leur règle dans le droit naturel, dont la clairvoyance leur est toute particulière.

Domat (1) et Pothier furent ainsi les continuateurs de l'œuvre entreprise avec tant de vigueur par Dumoulin : ils

---

gent-sur-Seine en 1596. Il avait un frère, François Pithou, aussi célèbre que lui : Cujas les appelait : *Pithœi fratres, clarissima lumina.* Il fut calviniste et faillit périr dans la nuit de la Saint-Barthélemy. Il rentra dans le sein de l'église catholique. Il est un des auteurs de la *Satire Menippée*, qui contribua si puissamment à détruire les principaux chefs de la sainte-union.

(1) « Personne, dit d'Aguesseau, n'a mieux approfondi que Domat le véritable principe des lois, et ne l'a expliqué d'une manière plus digne d'un philosophe, d'un jurisconsulte et d'un chrétien. C'est le plan général de la société civile le mieux fait et le plus achevé qui ait jamais paru. » Boileau, tout étranger qu'il soit aux matières juridiques, avait un sens trop supérieur, pour que nous négligions de rapporter qu'il appelait Domat le *restaurateur de la raison dans la jurisprudence.*

firent subir à toutes les lois diverses de la France l'influence de quelques principes, sous lesquels ces lois se trouvèrent modifiées et presque identiques. Dans leurs écrits, une remarquable insouciance historique laisse inaperçues les diversités profondément originelles : le droit romain et le droit coutumier se mêlent et s'interprètent l'un par l'autre, et toutes leurs différences semblent s'effacer. Ils ne comprennent point les lois et les coutumes, comme de Laurière, selon leur origine historique; ils ne savent pas, comme les jurisconsultes de Rome, concilier la logique avec l'équité, et, tout en modifiant le droit civil par le droit des gens, conserver à chaque droit son caractère particulier et ses conséquences propres. Ils négligent l'histoire, parce qu'elle s'opposerait à l'identité qu'ils veulent établir entre des droits divers; ils ne font point entre la logique et l'équité un antagonisme constant, et leur raison, plus humble, moins forte, mais plus humaine, soumet toujours la logique aux interprétations de l'équité.

La jurisprudence des cours et tribunaux les aidait dans ses modifications. Les principes divers étaient ramenés à l'unité, et ne variaient plus que dans les détails d'application. Les lacunes de la législation étaient comblées, ou par le droit romain, ou par la jurisprudence proprement dite : les arrêts de règlement avaient fixé des points nombreux de contestation.

3. A cette époque, les rois voulurent s'associer à l'œuvre des jurisconsultes; ils reprirent leur projet d'un code unique, tenté par Henri III, et Lamoignon et d'Aguesseau se mirent tour à tour au travail. Mais on ne put faire que des ordonnances spéciales, et point un code général. Ainsi furent successivement promulguées : l'ordonnance sur la procédure civile, en 1667; — l'ordonnance sur les évocations et committimus, en 1667; l'ordonnance sur les eaux et forêts, en 1669; — l'ordonnance sur le droit criminel, en 1670; — l'ordonnance sur la Ville, en 1672; — l'ordonnance sur le commerce, en 1673; — l'ordonnance sur la marine, en 1681; — le Code noir, en 1685; — l'édit sur la juridiction ecclésiastique, en 1695, etc., etc.

En général toutes ces ordonnances, dont le mérite n'est pas égal, et parmi lesquelles il ne faut distinguer que l'ordonnance sur la marine, ne firent que résumer les lois et la jurisprudence, les altérant bien plus que les améliorant.

Sous Louis XV on continua cette codification partielle : — En 1731, une ordonnance sur les donations ; — en 1735, une ordonnance sur les testaments ; — en 1737, une ordonnance sur les substitutions, où l'on s'est efforcé de restreindre bien plus que de faciliter les substitutions ; — en 1771, une ordonnance sur les hypothèques. — Ces ordonnances ne sont encore que des résumés faiblement novateurs.

Mais, c'est sous le règne de Louis XVI que se placent d'heureuses innovations. En 1776 un édit, qui malheureusement fut révoqué, abolissait les corporations d'arts et métiers, les maîtrises et les jurandes ; — une déclaration, du 15 février 1788, abolit la torture ; — une déclaration, du 30 avril 1780, détruisit tous les cachots pratiqués sous terre ; — une déclaration, du 29 janvier 1788, rendit l'état civil aux protestants ; — une déclaration, du 27 juin 1787, abolit les corvées ; — enfin, un édit d'août 1779 affranchit les serfs du domaine royal, et encouragea l'affranchissement des serfs des seigneurs.

III. On était arrivé à une telle ardeur de réforme législative, que les philosophes, et les hommes étrangers aux lois, se mêlèrent aux discussions juridiques ; ils furent favorisés par un livre admirable, lequel avait mis la connaissance intime de la raison naturelle des lois à la portée de tout le monde, l'*Esprit des Lois* de Montesquieu. Les personnes étrangères aux études juridiques firent aux lois plus de mal que de bien ; car, ne connaissant point le prix des travaux antérieurs des jurisconsultes, ils les traitèrent de fatras indigestes ; et les calomnièrent au lieu de les critiquer. On en vint jusqu'à imprimer qu'un juge ignorant, avec ses lumières naturelles, était meilleur juge que celui dont la raison s'embarrassait des doutes et des discussions juridiques !

C'est à cette production de la critique des lois, en pleine place publique, que nous devons l'affaiblissement si notable des études du droit en France.

Quoi qu'il en soit, nos lois étaient devenues telles, que leurs améliorations ne dépendaient plus que des grands changements de la politique : *Jus privatum sub tutelâ juris publici latet*, dit Bacon. La féodalité et ses droits étaient aussi restreints que possible; mais ils existaient encore. Les faits, et non plus les idées, s'opposaient aux améliorations.

Les faits changèrent. — La révolution de 1789 ayant aboli toute la féodalité et proclamé l'égalité devant la loi, les serfs, les bourgeois, les seigneurs disparurent. Tous se trouvèrent citoyens français. Les biens ne furent plus ni nobles, ni vilains, en fief ou en censive; mais alleux, à la libre disposition de leurs propriétaires. L'aliénation des biens n'emporta plus le vest et le devest, l'investiture, le retrait féodal ou censuel; tous les droits des seigneurs furent abolis, ceux qui dérivaient de leur souveraineté et de leur propriété sur les personnes, sans indemnité; ceux qui dérivaient de leur propriété sur les choses, avec rachat. Mais l'Assemblée Législative et la Convention ne respectèrent pas cette distinction. Les religieux furent rendus à la vie civile; les protestants et les juifs égalisés aux catholiques; les étrangers investis de tous les droits de l'homme, moins ceux du citoyen. Les bâtards se relevèrent de leur dégradation, et jouirent de tous les droits des citoyens libres. Ayant effacé la distinction des biens nobles et roturiers, la succession se trouva toute roturière, c'est-à-dire distribuée avec égalité. Les droits de masculinité et de primogéniture furent abolis. La distinction des propres et des acquêts, étant une imitation de l'institution aristocratique des biens nobles et roturiers, fut comprise dans la destruction; et le retrait lignager, ainsi que les héritiers aux propres, disparurent.

La monarchie avait voulu augmenter le pouvoir paternel du droit coutumier, lequel est une garde, et non une puissance. Elle avait accordé aux pères le droit d'exhérédation, et même celui de faire déporter les enfants à l'île de la Désirade. Cette tentative fut abandonnée par la révolution, et le pouvoir paternel réduit dans ses prérogatives aux prescriptions des coutumes.

Mais, c'est dans la propriété et la famille que la révolution a accompli ses plus grandes innovations civiles.

Dans la propriété, elle a affranchi les capitaux de la prohibition du prêt à intérêt, établie par le droit canonique. Elle a créé des propriétés particulières pour les œuvres de l'intelligence et pour les inventions de l'industrie. Enfin, elle a produit le système de publicité des hypothèques, et émis le vœu de la mobilisation du sol.

Dans la famille, elle a fait du mariage un contrat civil; elle a permis le divorce, et élevé les enfants naturels à un droit égal à celui des enfants légitimes (1). Elle a admis l'adoption des lois romaines.

IV. Après nos grands troubles révolutionnaires, le gouvernement de la constitution de l'an VIII entreprit de faire ce code unique des lois françaises, objet de tant de vœux et de tant d'efforts, vainement tenté sous l'ancienne monarchie, vainement décrété et entrepris pendant la révolution.

Nous empruntons à un beau mémoire, dont M. le comte Portalis a fait une première communication à l'académie des sciences morales et politiques, quelques considérations relativement à la formation du Code civil (2).

« Les rédacteurs du Code civil ne se bornèrent pas à compiler, à choisir, à réviser : leur tâche était plus difficile et plus grande. Ils étaient appelés à lier, par une transition sans secousses, le présent et le passé; à concilier tous les intérêts, sans faire fléchir aucun droit; à opérer une amiable composition entre des opinions et des usages opposés. »

---

(1) Il faut noter cette innovation parmi ces erreurs inséparables des grands entraînements. Qu'on en juge par la folie froide avec laquelle Cambacérès posait ainsi la question : « La différence qui existe entre eux (les enfants légitimes et les enfants naturels), est-elle juste? Peut-il y avoir deux sortes de paternité? Présenter ces questions à des législateurs *philanthropes, c'est préjuger leur solution. Ce serait leur faire injure que d'oser croire qu'ils fermeront l'oreille à la voix incorruptible de la nature, pour consacrer à la fois et la tyrannie de l'habitude et les erreurs des jurisconsultes*... Aussi je ne crains point de vous proposer de placer dans la famille les enfants naturels nés de personnes libres, *presque au même rang* que les enfants légitimes, sauf quelque différence en faveur de ceux-ci, et uniquement dans la vue de favoriser l'institution du mariage. » Quelque temps après, la *minime différence* en faveur du mariage s'effaça, et la raison de Cambacérès s'affranchissant toujours plus *de la tyrannie* de *l'habitude et des erreurs des jurisconsultes*, proposa l'assimilation des enfants adultérins et légitimes!

(2) Ce mémoire est une analyse du Code civil des états du roi de Sardaigne, promulgué le 20 juin 1837. On le trouve dans la *Revue de législation et de jurisprudence*, tome 7.

« Leur travail reposa sur ces trois grandes bases : la complète sécularisation de l'ordre politique et civil, l'égalité des citoyens devant la loi et des enfants dans la famille; l'affranchissement de la propriété et le droit d'en user et d'en disposer, sans autres limites que celles qu'impose la loi dans l'intérêt de l'utilité publique..... »

« Les commissaires, chargés par le premier consul de la rédaction d'un projet de Code civil, lui avaient donné pour frontispice un livre préliminaire intitulé : du Droit et des Lois en général. Il se trouva réduit à un seul titre, lorsque le Code civil sortit du creuset de la discussion approfondie, dramatique et lumineuse qu'il subit au conseil d'état, et dans les commissions du tribunat et du corps législatif...... » — « On craignit le péril des définitions, et surtout celui des proclamations de principes, dont on avait tant abusé dans la révolution. Bien que persuadés que la loi morale est le fondement et la garde de la loi civile, les rédacteurs crurent devoir ne constituer que la loi civile..... »

Un arrêté du 24 thermidor an VIII nomma une commission composée de MM. TRONCHET, président de la cour de cassation; PORTALIS, commissaire du gouvernement au conseil des prises; BIGOT DE PRÉAMENEU, commissaire près la cour de cassation; et MALLEVILLE, membre de la cour de cassation :

« Pour comparer l'ordre suivi dans la rédaction des projets de Code civil publiés jusqu'à ce jour, déterminer le plan qui paraîtrait le plus convenable, et discuter ensuite les principales bases de la législation en matière civile ».

Les commissaires se proposèrent de consacrer les conquêtes de la révolution, et d'opérer une transaction entre le droit romain et les coutumes, c'est-à-dire, de consacrer les derniers résultats de la science juridique et de la jurisprudence sous l'ancienne monarchie.

« A force de travail, dit Malleville dans son *Analyse raisonnée*, nous parvînmes à faire un Code civil dans quatre mois. »

Cinq mois après l'arrêté des trois consuls, la commission publia un projet de Code civil, qui fut imprimé et envoyé à l'examen de la cour de cassation et des cours d'appel. Le résultat des observations faites par ces cours forme un recueil précieux à connaître pour l'intelligence du Code civil.

Enfin, au mois de germinal an X, on songea à donner force législative au projet amendé d'après les observations des cours.

D'après la constitution de l'an VIII, qui régissait alors la France, trois grands corps durent prendre part à la discussion du projet.

D'abord le *conseil d'état*. — Ce corps était divisé en cinq sections. L'une d'elles, celle de législation (1), était chargée d'examiner préalablement chaque titre et d'en arrêter la rédaction provisoire, en présence des quatre membres de la commission. Cette rédaction était ensuite soumise à l'assemblée générale des diverses sections du conseil d'état, qui, après discussion, adoptait avec ou sans modifications, la rédaction arrêtée provisoirement par la section de législation.

La loi était ensuite portée au *corps législatif* par un orateur du gouvernement, qui en développait les motifs et en proposait l'admission. Mais le corps législatif ne pouvait voter immédiatement sur cette admission; il fallait que le renvoi à un troisième corps fût ordonné par lui; ce corps était le *tribunat*, qui devait être consulté sur toutes les lois à rendre, et exprimer son opinion sur elles.

Le tribunat, sur le renvoi à lui fait par le corps législatif, soumettait le projet à l'examen de la section de législation, qui fesait un rapport à l'assemblée générale du tribunat, puis envoyait au corps législatif un orateur chargé d'exprimer l'opinion du tribunat. En sorte que, sur chaque loi ainsi présentée, deux discours étaient prononcés au sein du corps législatif, le premier au nom du gouvernement, le second au nom du tribunat.

Ce n'était qu'après toutes ces formalités que l'on votait par scrutin secret.

Le corps législatif écoutait, ne parlait point, et votait.

La loi étant ainsi portée, s'appelait décret.

---

(1) Il est intéressant de savoir les noms des personnes qui ont le plus contribué à la rédaction du Code civil : les membres de la section de législation étaient, MM. Regnier, Berlier, Emmery, Réal, Thibaudeau, Muraire, Galli, Treilhard.

h

Un quatrième corps, le *sénat conservateur*, était un tribunal suprême auprès duquel on pouvait appeler contre les décrets *inconstitutionnels*, pendant les dix jours qui suivaient la publication de leur vote dans le *Moniteur*. Ces dix jours écoulés sans protestation ou après rejet de protestation, la loi était *promulguée*, c'est-à-dire obligatoire pour tous.

N'oublions pas de dire que le premier consul, Napoléon Buonaparte, assistait souvent aux discussions du conseil d'état sur le Code civil, et que d'un éclair de son bon sens d'homme de génie il illuminait la science des jurisconsultes.

Trente-six lois, qui composent aujourd'hui le Code civil, ayant été successivement décrétées, il fut rendu, le 30 ventôse an XII (le 20 mars 1804), une loi promulguée le 20 germinal an XIII (le 31 mars 1804) sur la réunion des lois civiles en un seul corps, sous le titre de *Code civil des Français*.

La loi du 3 septembre 1807, l'ordonnance du 3 août 1816, substituèrent des dénominations nouvelles en rapport avec les changements du pouvoir suprême; des dénominations impériales à des dénominations républicaines, des dénominations royales à des dénominations impériales.

Depuis sa promulgation le Code civil a été modifié : — par le sénatus-consulte du 14 août 1806, institutif des majorats, aboli par la loi du 1er mai 1835 ; — par la loi du 3 septembre 1807, institutive d'un taux pour l'intérêt de l'argent ; — par la loi du 8 mars 1816, abolitive du divorce ; — par la loi du 14 juillet 1819, abolitive du droit d'aubaine et des articles 726 et 912 du Code civil ; — par la loi du 17 mai 1826, institutive des substitutions, abrogeant les articles 1048 et 1050 du Code civil ; — par la loi du 16 avril 1832, sur les prohibitions aux mariages entre beaux-frères et belles-sœurs ; — par la loi du 17 avril 1832, sur la contrainte par corps, etc

Le Code civil a servi de modèle à toutes les codifications civiles entreprises depuis sa publication.

Un jurisconsulte anglais, appelé à rédiger les lois des habitants de l'île de Ceylan, a cru n'avoir rien de mieux à leur offrir que le Code civil lui-même.

En Italie, en Allemagne, en Pologne, en Suisse, en Belgique, le Code civil français a conservé force de loi, même sous les gouvernements élevés ou restaurés sur les ruines de l'empire français.

Honorons ceux qui nous ont donné un pareil code; rendons grâce aux longs travaux, aux grands efforts par lesquels, pendant huit siècles, il a été préparé et rendu possible; montrons-nous dignes d'une telle loi par notre dévouement à la défendre, par notre zèle à la pratiquer, par notre ardeur à l'étudier!

Nous serions heureux que ce rapide *Précis historique* inspirât à quelqu'un le désir d'étudier l'histoire complète du droit français.

FIN DE L'HISTOIRE DU DROIT CIVIL.

CATALOGUE

DES

LIVRES DE FONDS

DE JOUBERT,

Libraire-Éditeur,

Rue des Grés, 14, près l'École de Droit, à Paris.

COMMENTAIRE SUR LE CODE CIVIL, contenant : *l'explication de chaque article séparément; l'énonciation au bas du commentaire des questions qu'il a fait naître, les principales raisons de décider pour et contre, et le renvoi aux arrêts;* par J.-M. Boileux, avocat à la Cour royale, revu et précédé d'un précis de l'histoire du Droit civil par M. F. Poncelet, professeur à la Faculté de droit de Paris; 4e édition, considérablement augmentée. 3 forts vol. in-8. 1838. 24 fr.

Chaque volume, composé d'un examen, se vend séparément 8 fr.

Une histoire bien faite du droit est la véritable philosophie du droit; car seule elle fait connaître les causes qui ont donné naissance aux lois. Cette histoire est d'une utilité incontestable, puisqu'en dévoilant l'origine des dispositions législatives, elle en fait connaître le véritable esprit et en rend l'application plus facile. C'est donc rendre service aux étudiants que de faire précéder un commentaire du Code d'un précis de l'histoire du droit civil.

Jusqu'ici on ne s'était occupé que de l'histoire du droit écrit; cependant les *Coutumes*, qui sont entrées pour une si grande part dans la formation de notre nouvelle législation, ne méritaient pas le dédain de ceux qui écrivent sur cette matière. Ce dédain, M. Poncelet ne l'a point partagé; on trouve dans son Précis d'utiles notions sur nos anciennes coutumes, qui ont si longtemps régi la France.

Ainsi que le titre de *Précis* l'annonce, M. Poncelet n'a point eu la prétention de faire une histoire développée du droit, il a voulu donner seulement une connaissance générale des origines de la législation, et il a réussi. Ce Précis est clair, concis, et contient beaucoup de matières en peu de pages.

Cet important appendice au Commentaire de M. Boileux n'est pas le seul avantage que cette 4e édition aura sur les précédentes. M. Boileux a revu son travail avec soin. Quelques erreurs qui lui avaient été signalées, et celles qu'un examen plus approfondi de la matière lui a fait découvrir, ont été rectifiées. Les jeunes gens qui se préparent à subir leurs examens peuvent donc, avec confiance, étudier ce Commentaire; l'instruction solide qu'ils y puiseront sera d'ailleurs en harmonie avec l'enseignement de l'École de droit de Paris, puisqu'il a été revu par l'un des professeurs, M. Poncelet.

MANUEL DE DROIT COMMERCIAL, contenant un traité élémentaire sur chaque titre du Code de commerce, le texte des ordonnances de 1673 et de 1681, le texte du Code, celui de la nouvelle loi des faillites, avec un traité sur cette matière, l'analyse des articles réduits en questions, et des formules d'actes par

M. P. BRAVARD-VEYRIÈRES, professeur de droit commercial à la Faculté de Paris. 1 fort vol. in-8. Paris, 1838. 9 fr.

M. Bravard a réuni dans ce manuel les aperçus scientifiques qui agrandissent le domaine de la science, les notions élémentaires qui en facilitent les abords aux jeunes gens, et les données pratiques qui servent de guide aux commerçants. Au lieu de suivre, comme tant d'autres, les chemins battus, M. Bravard s'est frayé une route nouvelle; par une heureuse innovation, il présente d'abord sur chaque titre une exposition savante des principes; puis, en regard des principes, il met les textes qu'il rapproche et éclaircit par leurs origines; il fait suivre les textes d'une analyse substantielle, présentée dans une forme nouvelle qui lui donne autant d'attrait que d'utilité; enfin, des modèles d'actes, choisis avec discernement, forment, en quelque sorte, le corollaire des principes et des textes, en rendent l'intelligence plus nette, et en fixent plus profondément le sens dans l'esprit.

La matière des armements en course et des prises, entièrement omise dans le Code, est retracée dans le *Manuel* avec un soin scrupuleux.

Il suffit de ce simple exposé pour faire apprécier la valeur de cet ouvrage consciencieux, où rien d'utile n'est omis, et qui, continuant le succès des précédentes publications de M. Bravard, sera également bien placé dans les mains des jurisconsultes, des étudiants et des commerçants.

TRAITÉ THÉORIQUE ET PRATIQUE DES FAILLITES ET BANQUEROUTES, contenant le texte de l'ancienne et de la nouvelle loi, suivi de formules d'actes; par M. P. BRAVARD-VEYRIÈRES, professeur à la Faculté de droit de Paris. 1 vol. in-8. 1839. 5 fr.

DE L'ÉTUDE ET DE L'ENSEIGNEMENT DU DROIT ROMAIN, et des résultats qu'on peut en attendre; par M. P. BRAVARD-VEYRIÈRES, professeur à la Faculté de droit de Paris. 1 vol. in-8. 4 fr. 50 c.

Cet ouvrage, plein de vues originales, de considérations hardies, de hautes appréciations philosophiques, est divisé en trois parties. Dans la première M. Bravard-Veyrières prouve, par une série d'exemples empruntés aux Institutes et au Digeste, combien est mal fondée l'idée qu'on se fait généralement de l'excellence du droit romain; il présente des théories complètes sur les matières qui font le plus souvent l'objet des questions aux examens et aux thèses, et combat des erreurs et des préjugés fort accrédités, dont Cujas et Pothier eux-mêmes n'ont pas toujours su se défendre. Dans la deuxième partie, il fait voir à quoi se réduit l'utilité qu'on peut encore retirer du droit romain. Les textes de ce droit lui servent à établir et à développer des doctrines nouvelles sur plusieurs points fondamentaux de notre législation, tant civile que commerciale, et à réfuter des opinions professées à l'école par M. Duranton et par M. Ducaurroy. M. Bravard est naturellement conduit, dans la troisième partie, à faire ressortir les vices du système d'enseignement actuellement suivi dans les facultés, et il indique quel serait, selon lui, le meilleur moyen, en régénérant ce système, de rendre l'étude du droit romain attrayante et utile de rebutante et peu profitable qu'elle est aujourd'hui. Cette nouvelle production d'un professeur jeune, indépendant, dont on connaît le savoir et le zèle pour le progrès des études, est appelée à un succès rapide et durable.

EXPLICATION HISTORIQUE DES INSTITUTES DE JUSTINIEN, avec le texte, la traduction en regard, et les explications sous chaque paragraphe, pour toutes les matières des examens, par M. ORTOLAN, professeur à la Faculté de droit de Paris, deuxième édition augmentée. 1 vol. in-8. 1839. 9 fr.

M. Ortolan a voulu faire un ouvrage qui fût élémentaire, sans cesser pourtant d'être scientifique; il a voulu explorer les textes récemment découverts, et résumer en quelque sorte l'*état actuel de la science du droit romain*. Il a appliqué ses travaux à un texte scolastique, afin de commencer par les facultés, l'introduction et la propagation des connaissances nouvelles.

Par sa méthode, il n'appartient exclusivement ni à l'école historique ni à l'école philosophique; il pense avec raison que c'est par la connaissance de l'histoire et des mœurs des peuples qu'on s'élève à la philosophie du droit, et par les idées philosophiques que l'on féconde l'étude de l'histoire : les séparer, c'est les énerver.

Il a encore raison de croire que le droit romain ne doit pas être étudié en France comme il peut l'être en Allemagne et dans les pays où il est encore admis comme partie de la législation. Chez nous, nous n'avons plus de ces provinces qu'on appelait jadis *pays de droit écrit*, par opposition aux provinces qui suivaient le *droit coutumier*; notre droit actuel est entièrement *national*; la loi des écoles ne prescrit l'enseignement du droit romain que dans *ses rapports avec le droit français;* ils ne sont liés l'un à l'autre que par l'histoire et les traditions.

C'est sur cette base que M. Ortolan a assis ses travaux ; c'est pour cela qu'il a cru devoir réunir dans une même publication, comme introduction, *un plan d'études historiques* qui embrasse non-seulement le droit romain, mais aussi le droit national; ensuite une *explication* non pas *exégétique,* mais *historique des Institutes de l'empereur Justinien.*

(Extrait des articles de M. Dupin aîné dans la *Gazette des tribunaux.*)

COURS DE LÉGISLATION PÉNALE COMPARÉE, introduction philosophique, méthode et sommaire, par M. ORTOLAN, professeur à la Faculté de droit de Paris. 1 vol. in-8. 1839. 3 fr. 50 c.

« Il est des personnes qui pensent que les notions générales et philosophiques du droit, sont hors de la partie des premières études; qu'elles doivent en clore et non pas en ouvrir le cours. »

« Je suis d'un avis tout opposé. »

« Jetez le grain sur une terre non préparée, au sein de laquelle vous n'avez déposé aucun élément de fertilité, qu'y produira-t-il? »

« Les notions générales disposent l'esprit au développement de la science; les principes philophiques en sont les éléments de fécondité. Tout enseignement de texte peut venir et fructifier là-dessus. »

« C'est dans la persuasion de ces vérités que je dédie le livre que voici à ceux qui commencent l'étude du droit. » (*Extrait de la Préface.*)

HISTOIRE DE LA LÉGISLATION ROMAINE, depuis son origine jusqu'à la législation moderne, par M. ORTOLAN, professeur à la Faculté de droit de Paris. 1 vol. in-8. 2 fr.

RÉQUISITOIRES, PLAIDOYERS ET DISCOURS DE RENTRÉE, prononcés par M. DUPIN, procureur-général à la Cour de cassation, avec le texte des arrêts; depuis le mois d'août 1830 jusqu'à ce jour. 3 vol. in-8. 18 fr.

M. Dupin aîné, président de la Chambre des députés, procureur-général à la Cour de cassation, membre de l'Académie française, vient de réunir en corps d'ouvrage les *réquisitoires, plaidoyers et discours de rentrée* qu'il a prononcés à la Cour de cassation depuis 1830 jusqu'à ce jour. Ces discours ont tous une grande importance : ils constatent l'état moral de l'ordre judiciaire aux époques où ils ont été prononcés. Rédigés dans le silence du cabinet, ils se distinguent par un style nerveux et concis tout à fait approprié aux matières graves traitées par l'auteur. Les réquisitoires aussi sont rédigés avec beaucoup de concision ; mais les *conclusions ou plaidoyers à l'audience* se distinguent par un autre genre de mérite. Tous ces plaidoyers ont été improvisés sur de simples notes. Aussi la manière de l'auteur s'y révèle dans toute son originalité. On a observé avec raison que M. Dupin n'était jamais plus naturel, plus animé, plus rapide et plus entraînant, que lorsque ses notes étaient plus rares, ou même lorsqu'il les abandonnait tout à fait pour se livrer à de soudaines inspirations. On jugera de la vérité de cette observation en étudiant ces réquisitoires, qui attestent ses connaissances étendues du droit et sa longue expérience des affaires. La réunion de *ses réquisitoires* forme un ouvrage que l'on ne saurait jamais trop recommander aux personnes qui tiennent à la magistrature et au barreau, ou qui s'y destinent. (*Gazette des tribunaux, 7 juillet* 1836.)

ÉLOGES DES DOUZE MAGISTRATS ET JURISCONSULTES, composant la galerie de la Cour de cassation au Palais de justice, discours prononcé par M. DUPIN à l'audience solennelle de rentrée du 5 novembre 1833; orné de douze portraits et de la galerie de la chambre des requêtes; 1 vol. grand in-4.

Prix, papier ordinaire, 12 fr.
Papier de Chine, 15 fr.

MANUEL DES ÉTUDIANTS EN DROIT ET DES JEUNES AVOCATS; Recueil d'opuscules de jurisprudence, par M. DUPIN, docteur en droit, ancien bâtonnier de l'ordre des avocats, procureur-général à la Cour de cassation, président de la chambre des députés, membre de l'Académie française et de l'Académie des sciences morales. 1 vol. grand in-18 de 900 pages. 1835. 7 fr.

La nouvelle édition du *Manuel des étudiants en droit,* que nous avons publiée, n'est pas une simple réimpression de l'ancienne, qui était totalement épuisée; cet ouvrage est en quelque sorte un ouvrage nouveau. En effet, il ne renferme pas seulement les *opuscules* dont se composait la précédente édition ; il en contient plusieurs autres qui complètent le plan que l'auteur s'était tracé, mais que ses nombreuses occupations l'avaient empêché de remplir entièrement.

Nous ne craignons pas d'affirmer que jamais un *livre de droit* n'a offert, sous un volume aussi petit en apparence, un aussi grand nombre de notions utiles. Cette publication est, de la part de l'auteur, un véritable *service d'ami* rendu aux étudiants et aux jeunes avocats.

CODE FORESTIER, suivi de l'ordonnance d'exécution et de la jurisprudence forestière, annoté par M. Dupin, 2e édition, corrigée et augmentée de la jurisprudence forestière depuis la promulgation du Code jusqu'à nos jours. 1 vol. in-18, Paris, 1834. 5 fr.

Ce livre est le meilleur traité élémentaire qui ait paru sur ce Code, et le seul qui soit augmenté des lois forestières jusqu'en 1834.

TRAITÉ DES APANAGES, avec les lois sur la liste civile et la dotation de la couronne ; par M. Dupin. 3e édition, 1835. 1 vol. in-18. 3 fr.

RÉVOLUTION DE JUILLET 1830, son caractère légal et politique, hérédité de la pairie, majorats, droit d'aînesse et substitution ; par M. Dupin. 1 vol. in-18. 4 fr. 50 c.

CODES FRANÇAIS collationnés sur les textes officiels, contenant : 1° Charte de 1830, et les lois qui en dérivent ; 2° Code civil ; 3° Code de procédure civile ; 4° Code de commerce ; 5° Code d'instruction criminelle ; 6° Code pénal ; 7° Lois de la presse (1793 à 1838) ; 8° Code forestier, suivi de l'ordonnance réglementaire ; 9° Loi sur la pêche fluviale ; 10° Tarif en matière civile et criminelle ; 11° Droits de greffe ; 12° Lois sur l'organisation des cours et tribunaux, la discipline judiciaire, la profession d'avocats, notaires, avoués, commissaires-priseurs, huissiers et gardes de commerce ; 13° Lois rendues de 1790 à 1837 inclusivement, citées ou usitées fréquemment (par ordre chronologique) ; annotés de la *conférence des articles des Codes et des lois entre eux*, et de Notes dans lesquelles on rapporte les lois, décrets, ordonnances, avis du conseil d'état, circulaires ministérielles, qui abrogent, modifient ou expliquent les textes ; par Bourguignon, ancien conseiller à la Cour royale de Paris, auteur du Manuel du jury, du Manuel d'Instruction criminelle, de la jurisprudence des Codes criminels, etc., etc. Nouvelle édition, revue et augmentée des lois de 1838, 1 fort vol. grand in-8, de 1350 pag. imprimé en caractères neufs, sur papier vélin superfin collé, brochés. 9 fr.

Les mêmes, 1 vol. in-18. 4 fr.

Les mêmes, 1 vol. in-32. 4 fr.

HISTOIRE DU DROIT FRANÇAIS ; par M. F. Laferrière, professeur à la Faculté de droit de Rennes. 2 vol. in-8. 1837. 16 fr.

Le premier volume de l'*Histoire du Droit français* prend les institutions et la science à leur origine historique, pour les conduire depuis le berceau du Droit civil de Rome jusqu'à la grande année 1789. Il fait passer le Droit français par les époques successives du Droit romain, du Droit coutumier, du Droit canonique, des Ordonnances, de la Jurisprudence parlementaire, et constate le mouvement scientifique, le progrès des idées depuis l'École d'Irnérius et de P. Desfontaines, jusqu'à l'École de droit français au dix-huitième siècle.

Le deuxième volume embrasse toute l'Époque révolutionnaire, jusques et y compris la confection du Code civil ; il marque aussi le mouvement de la science du Droit depuis la codification jusqu'à l'époque actuelle.

Notre indigence en livres sur l'Histoire du droit est chose avérée ; on s'accorde à refuser le titre d'Histoire du droit en France au petit Traité de Fleury et au livre de Bernardi. Le livre de M. Laferrière comble donc une lacune réelle dans la science : il était temps d'interroger le droit dans ses variations et dans ses progrès pour y trouver vivante la pensée de l'humanité. Un style vif et hardi, une intelligence nette de la philosophie et de l'histoire, un enchaînement lumineux de toutes les phases accomplies dans les mouvements du droit, expliquent la haute estime dont les jurisconsultes honorent l'*Histoire du Droit français*.

INTRODUCTION A LA PROCÉDURE CIVILE ; par Pigeau. 5e édition, revue, corrigée et augmentée, par M. F.-F. PONCELET, professeur à l'Ecole de droit de Paris. 1 vol. in-8. 1834. 6 fr.

L'introduction à la procédure civile de Pigeau est aujourd'hui le Manuel indispensable de tous ceux qui désirent, avant de se livrer à une étude approfondie de ce Code nouveau, acquérir les notions générales de la procédure.

PRÉCIS DE L'HISTOIRE DU DROIT CIVIL EN FRANCE; par M. PONCELET, professeur d'histoire du droit à la Faculté de Paris. 1 vol. in-8. 1838. 2 fr. 50 c.

Notre temps paraît enfin destiné à l'exécution d'une histoire du droit français, vainement tentée jusqu'ici. Malgré la funeste disparition de Klimrath, M. Laferrière nous reste, et avec lui bien d'autres qui rivalisent de zèle, sinon de succès. Mais en attendant l'achèvement d'une œuvre qui demande le temps et le concours de plusieurs, il était urgent d'offrir à la jeunesse sérieuse une connaissance sommaire de l'histoire du droit, comme une préparation et un avant-goût. C'est dans cette louable intention que M. Poncelet, professeur d'histoire de droit à la Faculté de Paris, a encouragé un jeune avocat distingué, M. Rapetti, à recueillir ses leçons et à leur donner une forme abrégée. On aperçoit dans ce *Précis* une vive image de la génération de notre droit, je veux parler des trois éléments divers, les Gaulois, les Romains, les Barbares, concourant, sous l'action immédiate de l'église et de la royauté, à la formation de deux droits distincts, le droit *écrit* et le droit coutumier; bientôt après confondus en un seul et unique droit, qui est celui de notre Code civil. Tel est le caractère de la civilisation française, sensible surtout dans l'histoire de sa législation; les mœurs n'y prédominent point, mais les idées. Rien ne s'y développe instinctivement; tout y est élaboration et assimilation. Les mœurs y sont la matière première, si l'on peut parler ainsi; mais les idées façonnent les mœurs. Elles inspirent les ouvriers de la civilisation française; elles leur donnent intelligence et passion, et tout se courbe et se change, sous leur puissante main, en cette magnifique civilisation que représente la France, je veux dire l'égalité civile la plus complète servie par l'unité nationale la plus forte. Cette donnée supérieure, suivie dans le *Précis*, est empruntée à l'école historique allemande, mais avec une intelligente modification, à savoir pour la France, comme nous l'avons dit, la prédominance des idées sur les mœurs. La science du droit se met donc enfin en communication avec les grands esprits qui ont montré l'histoire de la civilisation française. Ces tentatives nouvelles ne sont plus de vaines promesses; elles inspirent directement un *Précis* destiné à la jeunesse; elles vont droit au plus fort de l'ignorance qu'il faut instruire; elles sèment là où il peut y avoir végétation et récolte. Mais il est un reproche que je dois adresser à ce *Précis*, c'est de renfermer trop d'idées en trop peu de mots. Il manque évidemment d'espace et de développement. Le profit qu'on en peut tirer nécessite une attention trop suivie, et déjà une certaine culture. L'abréviateur paraît s'être moins préoccupé d'être utile que d'être complet. Cependant, dans un livre destiné à l'enseignement, il faut savoir faire le sacrifice de son érudition, émietter ses idées, et, au risque de paraître superficiel, s'efforcer de ne dire que ce qui peut être compris au début et au seuil même de la science. (Ch. LABITTE. *Revue des Deux-Mondes*.)

DICTIONNAIRE DE DROIT PUBLIC ET ADMINISTRATIF, contenant l'esprit des lois administratives et des ordonnances réglementaires, l'analyse des circulaires ministérielles, la jurisprudence du conseil d'état et de la Cour de cassation sur le contentieux de l'administration, les opinions comparées des auteurs sur les mêmes matières, etc.; par MM. ALBIN LE RAT DE MAGNITOT et HUARD-DELAMARRE, avocats à la Cour royale de Paris. 2 vol. grand in-8° à deux colonnes, caractères neufs, imprimés par EVERAT, contenant la matière de 8 vol. in-8° ordinaire. Prix des 2 vol. 20 fr.

Cet ouvrage est très-complet : il a été augmenté des Commentaires sur les attributions municipales et départementales, de la loi sur les mines et sur les aliénés jusqu'en 1838.

Un ouvrage spécial aux matières de droit public et administratif, et qui s'adresse dès lors à toutes les classes de citoyens, puisque toutes ont des rapports plus ou moins directs avec l'administration, vient combler une lacune depuis longtemps reconnue. Le *Dictionnaire de droit public et administratif* est un recueil méthodique et raisonné de notre législation administrative. Il classe, organise, harmonise entre elles toutes ces lois, ordonnances et circulaires, dont souvent le plus long travail et les recherches les plus minutieuses pourraient à peine saisir l'ensemble et coordonner les dispositions. D'après le nombre et l'importance des matières qu'il renferme, c'est l'ouvrage de droit et de jurisprudence administrative le plus complet qui existe ; d'après le plan adopté par les auteurs, l'exactitude et la minutie des détails, l'ordre et le classement des articles, c'est sans contredit celui qui facilite le plus les recherches et permet d'obtenir la solution la plus prompte et la plus satisfaisante des questions que l'on veut résoudre. (Voir la *Gazette des Tribunaux* du 7 juillet 1837.)

PRINCIPES D'ADMINISTRATION, extraits des avis du Conseil d'état et du comité de l'Intérieur, des circulaires ministérielles. etc., etc., par MM. VUILLEFROY, maître des requêtes, et Léon MONNIER, auditeur de première classe au Conseil d'état. 1 vol. in-8°. 7 fr. 50 c.

On a dit que les bons ouvrages finissaient toujours par prendre leur place dans l'estime publique ; encore faut-il que leur existence soit annoncée quelque part, principalement dans des jours où des productions d'une médiocre importance ont envahi presque tous les moyens de se faire connaître. En vain MM. Vuillefroy et Monnier se seraient étudiés à classer, avec un esprit d'ordre, les matières administratives qui intéressent au plus haut degré la société française dans les divisions légales de son territoire, depuis la commune jusqu'au département; en vain ils auraient interrogé, avec un soin scrupuleux, les avis du Conseil d'état, les règlements d'administration publique, les décrets impériaux, les ordonnances royales, les décisions qui forment la jurisprudence de la première autorité administrative sur tout ce qui importe aux intérêts collectifs des citoyens, si on ne savait que le recueil où tant de matières, ailleurs éparses, sont concentrées, a reçu une publication devenue nécessaire. Celle-ci, en prouvant qu'il importait de confier, en ce genre, l'application de la loi à un tribunal spécial, attestera que les diverses sections du Conseil d'état ne sont pas restées oisives.

Quatre cent quarante pages ont suffi aux jeunes écrivains que nous venons de nommer, et dans lesquels, à bon droit, la patrie peut se flatter de trouver un jour d'habiles administrateurs, pour renfermer les connaissances pratiques de la législation qui régit les biens de la commune, son budget, son octroi, ses colléges, ses casernements, son cadastre, l'assiette des diverses contributions, les mesures de salubrité exigibles dans un intérêt public, les élections municipales, celles de la garde nationale, l'acceptation des legs, les deux voiries et la police des marchés. Dans ce petit volume, les attributions dévolues au canton, à l'arrondissement et au département, ou même à plusieurs départements chargés de l'entretien d'établissements qui leur seraient communs, ont trouvé leur place; et ce qu'il y a de remarquable, c'est qu'il n'est pas un seul de ces objets auquel ne correspondent, avec leur date précise, les avis du Conseil d'état, les ordonnances royales, les circulaires ministérielles, et les règlements ou arrêtés qui gouvernent la matière. On pourrait à juste titre dire de ce recueil qu'il est la loi mise en action.

Nous croyons que MM. Vuillefroy et Monnier, en se livrant à un long travail, mais qui épargnera aux hommes d'administration de pénibles recherches, ont rendu un véritable service à leur pays. Ce *compendium*, offert à MM. les maires, préfets et sous-préfets, aura au moins le mérite de faciliter, pour plusieurs, l'exercice de leurs fonctions. Son utilité serait encore mieux démontrée, s'il nous avait été possible d'énumérer, dans une simple notice, toutes les matières que comprend le livre que nous avons sous les yeux, et auquel il nous est agréable d'accorder notre suffrage sans la moindre restriction.

KÉRATRY, *conseiller d'état en service ordinaire, député.* (MONITEUR.)

TRAITÉ DE LA CONFECTION DES LOIS, ou examen raisonné des règlements suivis par les assemblées législatives françaises, comparés aux formes parlementaires de l'Angleterre, des États-Unis, de la Belgique, de l'Espagne, de la Suisse, etc., etc., par Ph. VALETTE, avocat à la Cour royale de Paris, secrétaire de la présidence de la Chambre des députés; et BENAT-SAINT-MARSY, avocat à la Cour royale de Paris. 1 vol. gr. in-18, 1839. 5 fr.

NOUVEAU MANUEL DU DROIT ADMINISTRATIF, contenant les matières de l'examen; par M. GANDILLOT, docteur en droit, et M. BOILEUX, avocat à la Cour royale de Paris. 1 vol. in-8, 1839. Prix 4 fr.

La difficulté de recueillir et de comprendre les matières de l'examen, éparses dans plusieurs volumes destinés aux administrateurs, et par cela même érudits et compliqués, a fait sentir le besoin de présenter aux étudiants un livre qui renfermât ces matières, réunies, coordonnées et éclairées par des exemples.

ESSAI SUR LA CENTRALISATION ADMINISTRATIVE; par M. F. BECHARD, député du Gard. 2 vol. in-8°. 1836. 12 fr.

DROIT PUBLIC ET ADMINISTRATIF FRANÇAIS, ou Analyse et résultat des dispositions législatives et réglementaires publiées ou non sur toutes les matières d'intérêt public et d'administration, ouvrage mis au courant des modifications survenues depuis la révolution de juillet 1830; par M. BOUCHENÉ-LEFER, maître des requêtes au Conseil d'état. 4 vol. in-8° sont en vente. 1832 à 1835. 30 fr.

Cet ouvrage n'est point un recueil par ordre de matières des lois rendues avant et depuis 1789, mais il en est l'analyse et en fait connaître le résultat. L'auteur rassemble sur chaque sujet les dispositions éparses, il les coordonne et les réduit en un seul texte, qu'il annote ensuite à l'aide des instructions et circulaires ministérielles, des arrêts du Conseil d'état, etc.

Il présente ainsi : 1° l'organisation de tous les corps politiques, administratifs et judiciaires, leurs attributions et leur mode de procéder; 2° l'état actuel de la législation sur tous les objets que ces attributions embrassent.

Des quatre volumes publiés déjà, deux sortent des presses de l'Imprimerie royale. Chaque volume pour ainsi dire traite d'une manière complète d'objets distincts, quoique se rattachant à l'ensemble, et peut être acquis séparément.

JURISPRUDENCE ADMINISTRATIVE, ou Recueil complet et méthodique par ordre alphabétique des arrêts du Conseil d'état en matière contentieuse; par M. Th. CHEVALIER, avocat aux conseils du roi et à la Cour de cassation. 2 vol. in-8°, 1836. 15 fr.

ANNUAIRE DE LA JURISPRUDENCE ADMINISTRATIVE de 1836 à 1837; par M. Th. CHEVALIER. 1 vol. in-8°. 4 fr.

DE LA LETTRE DE CHANGE ET DU BILLET A ORDRE, ou Commentaire sur le titre VIII du Code de commerce; par M. Eugène PERSIL, substitut du procureur-général près la Cour royale de Paris. 1 vol. in-8°. 7 fr.

DES COMMISSIONNAIRES, ET DES ACHATS ET VENTES, ou Commentaire sur les titres VI et VII du Code de commerce; par MM. Eug. PERSIL et CROISSANT. 1 vol. in-8°. 6 fr.

TRAITÉ DES ASSURANCES TERRESTRES, suivi des diverses Compagnies d'assurances; par M. Eugène PERSIL. 1 vol. in-8°. 7 fr.

COLLECTION DES LOIS CIVILES ET CRIMINELLES DES ÉTATS MODERNES, publiée sous la direction de M. Victor FOUCHER, avocat-général du roi près la Cour royale de Rennes. 6 vol. in-8°. En vente. 59 fr.

Chaque volume se vend séparément :

Le Code pénal général de l'empire d'Autriche. 1 vol. in-8°. 7 fr.

Le Code criminel de l'empire du Brésil. 1 vol. in-8°. 4 fr.

Le Code de procédure criminelle et pénale du royaume de Naples. 1 vol. in-8°. 1836. 7 fr.

Le Code civil d'Autriche, traduit par M. DE CLERCQ. 1 vol. in-8°. 7 fr.

Le Code de procédure civile et les lois judiciaires du canton de Genève. 1 vol. in-8°, 1837. 7 fr.

Le Code de commerce et de procédure commerciale du royaume d'Espagne. 1 vol. in-8°. 7 fr.

La comparaison des diverses législations des peuples modernes peut faire faire de rapides progrès à la science. Les lois d'une nation la font connaître d'une manière plus sûre que les plus exactes observations. Les philosophes, les publicistes, les historiens, en présentant les faits sociaux avec la plus grande impartialité, leur impriment toujours malgré eux, à leur insu même, le caractère qui convient à leur système, et la couleur de leurs opinions. Les actes législatifs sont des témoins impassibles, qui nous disent toute la vérité. C'est donc une conception belle, grande, utile et vraiment philosophique, que celle dont M. Foucher a commencé l'exécution, et à laquelle se dévouent comme lui des jurisconsultes et des magistrats du premier mérite.

Les difficultés ordinaires de la traduction deviennent effrayantes, lorsqu'il s'agit de faire passer dans notre langue des textes de lois étrangères. La différence des mœurs, des institutions politiques et de l'organisation judiciaire, met à chaque instant le traducteur dans l'alternative d'être incompréhensible, s'il est fidèle, inexact s'il veut être clair. M. Foucher a bien heureusement réussi à vaincre toutes ces difficultés. On comprend, en lisant son livre, les dispositions qu'il renferme, et l'on s'initie à la connaissance des institutions dont elles supposent l'existence. Les législations comparées offrent une voie entièrement neuve aux progrès de la science; celui qui l'ouvre mérite la reconnaissance publique. (Duvergier.)

Voir le rapport étendu de M. Dupin à l'Académie des sciences morales, le 14 avril 1838. Il a été reproduit dans presque tous les journaux.

DE LA LÉGISLATION en matière d'interprétation des lois en France; par M. Victor Foucher. Brochure in-8°. 1 fr. 50 c.

DU SYSTÈME PÉNITENTIAIRE AMÉRICAIN en 1836; par M. Victor Foucher. 1 vol. in-8°. 2 fr.

SUR LA RÉFORME DES PRISONS; par M. Victor Foucher. 1 vol. in-8°. 2 fr. 50 c.

ASSISES DU ROYAUME DE JÉRUSALEM (texte français et italien) conférées entre elles, ainsi qu'avec les lois des Francs, les capitulaires, les établissements de Saint-Louis et le droit romain, accompagnées d'un précis historique et d'un glossaire; publiées sur un manuscrit tiré de la bibliothèque de Saint-Marc de Venise, par M. Victor Foucher, avocat-général du roi, et correspondant du Comité historique des sciences morales et politiques. La première livraison est en vente. Prix : 4 fr.

L'ouvrage sera publié en 6 livraisons qui formeront 3 forts volumes in-8.

LÉGISLATION SIMPLIFIÉE, ou Application de la méthode synoptique aux actes et contrats, ouvrage utile aux étudiants, aux praticiens et aux gens du monde; par N.-H. Cellier, ancien notaire. 1 vol. in-8°. 5 fr.

C'est une heureuse idée que celle d'avoir *appliqué la méthode synoptique aux actes et aux contrats*, et c'est en même temps une œuvre méritoire que de rendre vulgaire la connaissance des lois, afin de mettre chacun à portée d'apprécier ses droits et ses devoirs.

LA PHILOSOPHIE DU NOTARIAT, ou Lettres sur la profession de notaire; par N.-H. Cellier. 1 vol. in-8°. 5 fr.

CONSIDÉRATIONS SUR LE NOTARIAT ET LA LÉGISLATION; par N.-H. Cellier. 1 vol. in-8°. 6 fr.

COMMENTAIRE DE VALIN sur l'ordonnance de la marine de 1681, avec des notes; par V. Bécane, avocat et professeur du Code de commerce à la Faculté de droit de Poitiers. 2 vol. in-8°, ou un fort vol. in-4°. 10 fr.

Tous ceux qui s'occupent de l'étude du droit commercial connaissent le mérite de Valin; il suffit de jeter les yeux sur l'ouvrage de M. Locré et le *Répertoire de Jurisprudence*, pour y voir que les rédacteurs du Code, et Merlin lui-même, ont toujours regardé Valin comme un juge sans appel sur les questions les plus épineuses de notre législation maritime; aussi toutes les décisions de ce grand jurisconsulte ont été érigées en texte de loi dans notre Code de commerce. Le commentaire de Valin était devenu depuis longtemps fort rare et fort cher, ce qui en privait plusieurs personnes à qui la connaissance du droit commercial est nécessaire. Le silence absolu du Code de commerce sur plusieurs parties fort importantes, notamment celle des consuls et consulats, rend indispensable un ouvrage qui puisse suppléer à ces fâcheuses lacunes. Valin ne laisse rien à désirer sur ce point : le jurisconsulte qui servit de guide, et pour ainsi dire de maître, à une assemblée de législateurs, peut être recommandé en toute confiance aux personnes qui doivent étudier notre jurisprudence commerciale.

MANUEL FINANCIER, contenant le texte des dispositions législatives et autres documents qu'il importe de connaître pour éclairer le vote des lois de finances; par M. VALETTE, secrétaire de la présidence de la Chambre des députés. 1 vol. in-18. 2 fr. 25 c.

ANNUAIRE PARLEMENTAIRE, Recueil de documents relatifs aux deux chambres; par MM. Denis LAGARDE et CERCLET, secrétaires-rédacteurs de la chambre des députés. 1 vol. in-18. 1836. 4 fr.

COMMENTAIRE SUR L'ARBITRAGE VOLONTAIRE ET FORCÉ; par M. BELLOT DES MINIÈRES, avocat. 3 vol. in-8°, 1839. 15 fr.

C'est la forme du commentaire que M. Bellot a adoptée. En regard de l'article du Code de procédure, il place celui du Code de commerce, afin de les expliquer ensemble et de mieux faire ressortir leurs rapports et leurs différences. Ainsi, l'arbitrage volontaire et l'arbitrage forcé marchent de front; en étudiant l'un on apprend nécessairement l'autre.

Dans ce travail, il s'est particulièrement appliqué à faire ressortir le caractère de chaque société; car le juge, comme l'arbitre, doit appliquer à chacune les principes qui lui sont propres; et il arrive trop souvent qu'on prenne l'une pour l'autre.

TRAITÉ DU CONTRAT DE MARIAGE; par M. BELLOT DES MINIÈRES, avocat. 4 vol. in-8. 12 fr.

DIALOGUES ou Questions de droit; discussion approfondie, et dans une forme nouvelle, de toutes les questions de droit qui sont encore controversées, et qui se présentent le plus fréquemment dans les tribunaux; par M. COULON, docteur en droit, ancien magistrat, avocat à la Cour royale de Dijon. Tome premier, fort vol. in-8, avec une table alphabétique. 8 fr. 50 c.

HISTOIRE ABRÉGÉE DE LA LIBERTÉ INDIVIDUELLE chez les principaux peuples anciens et modernes, par M. E. NIGON DE BERTY, procureur du roi à Mantes. 1 vol. in-8. 7 fr. 50 c.

TRAITÉ DU GOUVERNEMENT REPRÉSENTATIF; par M. Th. DESCUBES, avocat. 1 vol. in-8., 1835. 4 fr.

MANUEL DE DROIT ROMAIN, contenant la théorie des Institutes; par D. F. Mackeldey, traduit de l'allemand sur la dixième édition, par M. Jules BEVING, avocat. 1 vol. grand in-8. 9 fr.

DOCTRINA PANDECTARUM, in usum scholarum; auctore C. F. MUHLENBRUCH. 1 vol. grand in-8. 15 fr.

DELECTUS LEGUM QUÆ IN MULENBRUCHII DOCTRINA PANDECTARUM LAUDANTUR. 1 vol. grand in-8. 15 fr.

EXAMEN HISTORIQUE ET CRITIQUE des diverses théories pénitentiaires ramenées à une unité de système applicable à la France; par MARQUET-VASSELOT, directeur de la maison centrale de détention de Loos (Nord). 3 vol. in-8. 18 fr.

CONFÉRENCES SUR LA MORALITÉ DES LOIS PÉNALES; école des condamnés, par le même, 2 forts vol. in-8. 1838. 15 fr.

PHILOSOPHIE DU SYSTÈME PÉNITENTIAIRE, par le même. 1 vol. in-8. 1 fr. 25 c.

DU SYSTÈME CELLULAIRE DE NUIT pour la réforme des prisons, par le même, brochure in-8. 1837. 1 fr. 50 c.

LA VILLE DU REFUGE, rêve philanthropique, par le même. 1 vol. in-12. 2° édition, 1837. 2 fr. 50 c.

DES PROGRÈS ET DE L'ÉTAT ACTUEL DE LA RÉFORME PÉNITEN-

TIAIRE et des institutions préventives aux États-Unis, en France, en Suisse, en Angleterre et en Belgique; par M. Ed. DUCPETIAUX, inspecteur-général des prisons en Belgique. 5 vol. in-18, petit atlas. 1838. 15 fr.

REVUE ÉTRANGÈRE ET FRANÇAISE DE LÉGISLATION ET D'ÉCONOMIE POLITIQUE; par une réunion de jurisconsultes et de publicistes français et étrangers, publiée par M. FŒLIX, docteur en droit, avocat à la Cour royale de Paris.

Prix des cinq premiers volumes pour les personnes qui souscriront à l'année courante, 90 fr.

Prix de l'abonnement, commençant le 1er novembre 1838, pour Paris, 25 fr.

Cette REVUE a été fondée il y a cinq ans, et se continue avec persévérance et succès.

Répandre en France la connaissance des institutions et des législations étrangères: à l'étranger, celle des institutions et des lois françaises; faire ressortir, par des comparaisons, ce qui manque aux unes et aux autres, et indiquer les améliorations dont elles seraient susceptibles; tenir un compte fidèle du progrès de l'économie politique en France et à l'étranger, ainsi que de l'histoire du Droit, tel est le but principal que se sont proposé les fondateurs de ce Recueil.

Mais la REVUE ÉTRANGÈRE ET FRANÇAISE, fidèle à son titre, traite aussi, avec tout le soin et toute l'attention qu'elles méritent, les questions théoriques et pratiques de Droit français qui offrent le plus d'intérêt.

Aujourd'hui que les relations de peuple à peuple, de nation à nation, sont si fréquentes et si multipliées, ce Recueil, indépendamment de son utilité scientifique, a le mérite de fournir aux tribunaux étrangers et aux tribunaux français des documents précieux pour la décision des contestations qui leur sont soumises.

Enfin, la REVUE donne une attention spéciale à l'examen des questions de haute administration qui, comme la réforme des prisons, tiennent de près aux réformes législatives, et excitent puissamment l'intérêt.

La REVUE est le premier Recueil périodique consacré à la législation comparée, qui se soit publié en France. On ne doit donc pas s'étonner qu'elle ait trouvé des imitateurs. Mais elle a cet avantage, que les articles de *Législation étrangère* qu'elle renferme sont l'œuvre de jurisconsultes et de publicistes qui habitent ou qui ont vu et étudié par eux-mêmes les pays dont ils retracent les institutions.

Chaque cahier contient, avec des articles sur la législation et l'économie politique, une annonce sommaire de toutes les publications nouvelles, sur l'une ou l'autre de ces matières, et l'analyse des ouvrages les plus remarquables; enfin, une chronique des faits et documents législatifs les plus importants.

On compte parmi les collaborateurs habituels de ce recueil: MM. Dupin, de Gérando, Taillandier, Pardessus, Blondeau, Pellat, Royer-Collard, Bravard, Berriat-Saint-Prix, Poncelet, Rossi, Blanqui, Dalloz, de Beaumont, de Tocqueville, Boileux, Ortolan, Fix, de Golbéry, Foucher, Rauter, Laferrière, Mittermaier, Warnkœnig, Ziegler, Haenel, Muller, Ducpétiaux, etc., etc.

COURS D'ÉCONOMIE POLITIQUE fait au collége de France, par M. ROSSI, professeur, 1839. 2 vol. in-8. 15 fr.

ÉLÉMENTS D'IDÉOLOGIE; par M. le comte DESTUTT de TRACY, pair de France, membre de l'Institut. 6 volumes in-18. 18 fr.

On peut prendre séparément, savoir :

Idéologie proprement dite, première partie, 1 vol. 5 fr.

Logique, suivie de plusieurs ouvrages relatifs à l'instruction publique, la plupart inédits, troisième partie, 2 vol. 7 fr.

Traité de la volonté et de ses effets, ou traité d'économie politique, augmenté du premier chapitre de la morale; quatrième et cinquième partie, 1 vol. 5 fr.

Commentaire sur l'Esprit des lois de MONTESQUIEU, suivi d'observations inédites de Condorcet, et d'un mémoire sur cette question : *Quels sont les moyens de fonder la morale d'un peuple?* 1 vol. in-18. 1828. 5 fr.

Cette édition, qui renferme tous les ouvrages de M. de Tracy, a été revue avec soin par l'auteur avant sa mort.

ESSAI SUR LA MÉTAPHYSIQUE D'ARISTOTE, ouvrage couronné par l'Académie des sciences morales et politiques, par M. Félix Ravaisson. 2 forts vol. in-8., imprimés à l'imprimerie royale. 18 fr.

Le tome premier est en vente.

Voir le rapport de M. Cousin et les articles de MM. Alloury dans les *Débats*, Toussenel dans *le Temps*, Lerminier dans la *Revue des Deux-Mondes*, Ch. Labitte dans la *Revue de Paris*, Poujoulat dans la *Quotidienne*, de Pongerville dans *le Constitutionnel*, J. Tissot dans la *Revue étrangère et française de législation*, Nisard dans le *Journal de l'instruction publique*, etc.

MANUEL DE PHILOSOPHIE, par Auguste-Henri Matthiæ; traduit de l'allemand par M. Poret, professeur suppléant à la Faculté des lettres et professeur de philosophie au collége Rollin. 1 vol. in-8. 4 fr.

Ce livre, qu'on peut regarder comme le meilleur résumé des doctrines philosophiques reçues en Allemagne, est en même temps assez près de la philosophie française, sinon pour le fond, du moins par la forme, pour indiquer les points de contact de ces deux développements intellectuels si différents. La préface de M. Poret, qui rappelle la netteté d'exposition de M. Jouffroy, et le *Manuel* lui-même suffisent pour initier à la connaissance des grandes théories de Kant, de Fichte, de Schelling et de Hegel.

ESCLAVAGE ET TRAITE, par Agénor de Gasparin, maître des requêtes, 1 vol. in-8. 1838. 5 fr.

Plusieurs fragments de ce livre, insérés à l'avance dans la *Revue des Deux-Mondes* et dans la *Revue française*, ont obtenu un honorable succès. Les journaux de toutes les opinions se sont accordés, à part quelques contradictions de principes, pour reconnaître à cet ouvrage une haute importance.

«Le livre de M. Agénor de Gasparin est le début d'un homme d'état distingué. Il offre à côté d'études très-approfondies une raison vigoureuse et le trésor d'un cœur tout animé de l'amour du bien et du juste. Puisse la jeune génération, qui s'élève pour la discussion des intérêts publics, compter plusieurs travailleurs comme M. Agénor de Gasparin! Nous recommandons vivement l'ouvrage de ce jeune publiciste aux personnes que préoccupe l'avenir de la politique française, et en particulier la grande question de l'affranchissement des noirs de nos colonies.» (Rapetti. *Revue de Législation.*)

DE L'AFFRANCHISSEMENT DES ESCLAVES et de ses rapports avec la politique actuelle, pour faire suite à *Esclavage et Traite*, par M. Agénor de Gasparin, maître des requêtes. 1 fr. 25 c.

DE LA RICHESSE SOCIALE; ou de l'Objet de l'économie politique, par M. Walras, ancien élève de l'école normale. Brochure in-8. 1 fr. 50 c.

CONSIDÉRATIONS SUR LA VIE DES PEUPLES, sur les institutions de leurs différents âges; par M. C. H. Fèvre. Paris, 1837. 1 vol. in-8. 7 fr.

PRIÈRES POÉTIQUES; par M. Cistac. Paris, 1838. 1 vol. in-8. 5 fr. 50 c.

FABLES ET MÉDITATIONS, par M. Ulric Guttinguer. Nouvelle édition, augmentée des sonnets de l'auteur. 1 vol. in-8. 5 fr.

ÉTUDES SUR L'HISTOIRE DE FRANCE, et sur quelques points de l'histoire moderne; par M. Aug. Trognon, ancien professeur d'histoire dans l'Académie de Paris, suppléant de M. Guizot à la Faculté des lettres. 1 vol. in-8. *Ouvrage adopté par le Conseil royal de l'instruction publique.* 7 fr.

Sous ce titre modeste, M. Trognon a traité presque toutes les questions importantes qui se rattachent à l'histoire de France, et il l'a fait avec une grande supériorité de vues, un sens excellent, une sagacité remarquable. Son ouvrage, qui n'a qu'un volume, offre pourtant la solution à peu près complète de la plupart des problèmes historiques qui fourmillent dans nos annales nationales, et qui rendent si difficile et si lente l'intelligence de notre histoire. (Voir les *Débats* du 6 juin 1836.)

ESSAI SUR L'ÉTUDE DE L'HISTOIRE EN FRANCE au 19e siècle, par M. Antoine De Latour, ancien élève de l'école normale. 1 vol. in-8. 6 fr.

L'*Essai sur l'étude de l'histoire* est, sans contredit, l'un des plus importants écrits en prose de M. de Latour; il y trace nettement les limites d'une nouvelle école, de l'école symbolique, représentée par M. Michelet, et qui imprimera une activité salutaire aux investigations historiques, parce qu'elle les fait aimer et qu'elle leur prête un charme singulier. — Après avoir fait ressortir les vues qu'il expose, par un style vif et brillant, M. de Latour nous montre, dans ses notices sur la *Sorbonne*, *Port-Royal* et *Saint-Severin*, combien les travaux les plus sérieux deviennent intéressants lorsqu'ils sont relevés par l'originalité de la forme et par le mérite d'un goût exquis. (*Magasin français.*)

LES NIEBELUNGEN, poëme traduit de l'allemand par Mme Moreau de la Meltière; publié par Francis Riaux, ancien élève de l'École Normale, professeur de philosophie à la Faculté des lettres de Rennes, 1839, 2 vol. in-8. Prix 10 fr.

DOCUMENTS INÉDITS relatifs à l'histoire de France des 14e, 15e et 16e siècles, publiés pour la première fois par M. A. Bernier, avocat; 1 fort vol. in-8. 7 fr. 50 c.

ÉTUDE DES PASSIONS appliquée aux beaux-arts; cours fait en 1833 à l'Athénée, par M. Delestre; 1 fort vol. in-8. 7 fr.

MÉLANGES BIOGRAPHIQUES sur Choiseul et Pombal; par M. Paulin de Champrobert. 1 vol. in-8. 1 fr. 50 c.

SALON DE 1836, par M. Barbier. 1 vol. in-8. 2 fr.

SALON DE 1839, par le même; in-18. 2 fr.

Sous presse, pour paraître très-prochainement :

INTRODUCTION HISTORIQUE A L'ÉTUDE DU DROIT PUBLIC ET ADMINISTRATIF, par M. Laferrière, professeur de droit administratif à la Faculté de droit de Rennes. 1 fort vol. in-8.

TRAITÉ DE DROIT CONSTITUTIONNEL, par M. Rossi, professeur à la Faculté de Droit de Paris et au collége de France. 2 vol. in-8.

DROIT PUBLIC ET ADMINISTRATIF FRANÇAIS, par M. Bouché-Lefer. Tome 5e.

Imprimerie d'Ad. ÉVERAT et Compagnie, rue du Cadran, 14 et 16.

www.ingramcontent.com/pod-product-compliance
Ingram Content Group UK Ltd.
Pitfield, Milton Keynes, MK11 3LW, UK
UKHW020344230726
13925UKWH00003B/959